Streitschlichtung in Schule und Jugendarbeit

Edition Psychologie und Pädagogik

Diemut Hauk

Streitschlichtung in Schule und Jugendarbeit

Das Trainingshandbuch für Mediationsausbildung

Matthias-Grünewald-Verlag · Mainz

Die Deutsche Bibliothek – CIP Einheitsaufnahme

Ein Titeldatensatz für diese Publikation ist bei der
Deutschen Bibliothek erhältlich.

© 2000 Matthias-Grünewald-Verlag, Mainz
Das Werk einschließlich aller seiner Teile ist urheberrechtlich geschützt. Jede Verwertung außerhalb der engen Grenzen des Urheberrechtsgesetzes ist ohne Zustimmung des Verlags unzulässig und strafbar. Das gilt insbesondere für Vervielfältigungen, Übersetzungen, Mikroverfilmungen und die Einspeicherung und Verarbeitung in elektronischen Systemen.

Illustrationen: Dorothee Grix
Umschlag: Harun Kloppe, Mainz
Druck und Bindung: Fuldaer Verlagsanstalt

ISBN 3-7867-2250-1

Inhalt

Vorwort 9
Einleitung 11
Geschichtliche Hintergründe der Schulmediation (Christopher Till) 13
Zum Aufbau des Buches 15

Teil 1 – Das Trainingsprogramm 19

1. Trainingstag

Lektion 1: Was ist Mediation (90 min) 19
- Team-Entwicklung
- Kurs-Programm
- Konflikt-Brainstorming
- Referat Schulmediation mit Rollenspiel/Lehrfilm

Lektion 2: Psychologische Grundlagen I (90 min) 40
Wie sehen Mediatoren den Konflikt?
- Lernimpuls: Mediatives Denken
- Übung zum Perspektivenwechsel
- Mögliche Auswirkungen von Strafe
- Lernimpulse

2. Trainingstag

Lektion 3: Psychologische Grundlagen II (90 min) 50
Gefühle erkennen – Gefühle benennen
- Lernimpuls: Die Sprache der Gefühle
- Würfelspiel zum Thema
- Synonyme Metaphern
- Pantomime
- Auswertung und Schlussspiel

Lektion 4: Psychologische Grundlagen III (90 min) 60

Eskalationsstufen
- Lernimpuls „Konfliktgeschichte"
- Gespielte Szene
- Übung zur Selbstwahrnehmung
- Kooperationsübung „Haus – Baum – Hund "

3. Trainingstag

Lektion 5: Basistechniken der Verhandlungsführung (120 min) 68

Bewegungsspiegeln
- Lernimpuls zu „**aktiv zuhören**"
- Schriftliche Übung zur Vertiefung
- Verhandlungstechniken: **Pendeln, Zusammenfassen, Normalisieren, Wegfiltern des Negativen**
- Schülerrollenspiel

Lektion 6: Mediationsphase 1 (60 min) 86

Einleitung und Kontrakt
- Phase 1
- Das Setting herstellen
- Mediation einleiten: **Regeln, Rolle der Mediatorin und Aufgabe** erläutern, Kontrakt
- Schülerrollenspiel

4. Trainingstag

Lektion 7: Mediationsphase 2 und 3 (90 min) 100

Lektion 7A: Beide Standpunkte verstehen (Mediationsphase 2) 101
- Lernimpuls: Zwei subjektive Wahrheiten erkennen und die Beziehung entflechten
- Anwenden der dazugehörigen Techniken
- Schwierigkeiten in Phase 2: „Lügen"
- Schülerrollenspiel

Lektion 7 B: Die persönliche Bedeutung des Konflikts (Mediationsphase 3) 108
Die persönliche Bedeutung des Konfliktes
- Lernimpuls: Tiefendimension von Konflikten
- Verhandlungstechniken:
- **Tür-Öffner** und **offene Fragen**
- Training am eigenen Konflikt

Lektion 8: Mediationsphase 4 (90 min) 119

Lektion 8 A: Von der Vergangenheit zur Zukunft 119
- Lernimpuls: Wende von Gestern zu Morgen
- Verhandlungstechniken:

Drehbuch umschreiben
Von der Schuld zur Verantwortung
direkte Kommunikation herstellen
Schülerrollenspiel

Lektion 8 B: Sicherheit im Umgang mit kritischen Situationen 130
Konflikt-Verschärfung
- Unterbrechung
- Weinen u.a.

5. Trainingstag

Lektion 9: Mediationsphase 5 (90 min) 136

Tauschgeschäfte
- Lernimpuls: Unbeglichene „Rechnungen" verhindern Versöhnung
- Übung zur Selbstwahrnehmung
- Verhandlungstechniken: **Brainstorming** und **Tauschgeschäfte**
- Abschließen der Mediation

Aufsetzen der Schlussvereinbarung
Komplikationen zum Schluss:
Wiederaufflammen des Konfliktes
Vertrag wird nicht eingehalten
- Schülerrollenspiel

Lektion 10: Mediation von A-Z (90 min) 148

Seminar-Abschluss
- Rollenspiele Phase 1-5 im **Tandem**
- „Markt-Szenen": Übung zum Selbstverständnis als MediatorIn
- Schlussspiel und Seminarauswertung

Teil 2 – Anleitungen zum pädagogischen Rollenspiel in der Mediatorenausbildung (Christopher Till) 169

- Hinweise zur Durchführung und Auswertung von Rollenspielen
- Teilnehmerbogen zur Reflexion von Rollenspielen in Kleingruppen
- Allgemeine Themen zum Üben von Rollenspielen bei Mediatorentreffen
- Übungsbeispiel für die Supervision mit konkreten Rollenspielanweisungen zur Vertiefung der 3. Phase

Teil 3 – Projektmanagement 177

- Begründung für gezieltes Projektmanagement
- Projektplan
- Sitzungs-Protokolle der Projekt-Gruppe
- Info-Briefe an Eltern und Lehrer
- Schriftlicher Kontrakt zwischen Trainer und Schule

Literatur 184

Vorwort

Über Gewalt an Schulen wurde und wird soviel publiziert, dass der Begriff mittlerweile inflationär ist. Ich möchte die negativen Seiten der Atmosphäre, die den Schulalltag prägen, nicht beschönigen. Ausschreitungen wie Erpressung, Sachbeschädigung und Körperverletzung sind trotz häufiger Übertreibung sicher keine Erfindung der Medien. Auch die zunehmende Verrohung und Verarmung im sprachlichen Umgang von Kindern und Erwachsenen ist nicht zu leugnen.

Schule zeigt sich mir allerdings bei meiner Seminar- und Beratungstätigkeit von der positiven Seite. Auch dies gehört zur Realtität von **Schule:**
Schüler, Lehrerinnen und Schulleiter besitzen enorme Ressourcen, die sie sich trotz Stress bewahren und durch den Austausch mit der Außenwelt immer wieder neu erschließen. Sie sind engagiert, einfühlsam, reflektierend, kritikfähig und übernehmen Verantwortung für sich und andere. Ich erlebe die Kooperation als Externe mit den Insidern von Schule sehr bereichernd, geprägt von gegenseitiger Impulsgebung und dem regen Austausch von Wissen.

Mit der Einführung von Schulmediation können wir die vorhandenen Ansätze sozialen Lernens meines Erachtens um ein wertvolles Element erweitern. Ein Schlichtungsraum außerhalb des Unterrichts – mit kompetenten Schüler- und Lehrermediatoren – schafft in der Schule eine **Nische sozialen Lernens.** Abseits vom sonstigen Trubel sprechen hier Schüler und Lehrerinnen darüber, wie der Streit zwischen den Kontrahenten entstanden ist, welche Folgen er für sie hat, wie eine Wiedergutmachung aussehen könnte und wie die Streitpartner zukünftig anders reagieren. Während die pure Angst vor Strafe aggressive Schüler nicht stoppt, kann die direkte Konfrontation mit der Tat und deren Verneinung ohne Ablehnung der Person zu echter Einsicht in das eigene Tun und zur Übernahme von Verantwortung führen. Wenn zudem Schüler den Streit von Schülern schlichten (=**Peer-Mediation**), werden Lehrer entlastet.

Ausgehend von amerikanischen Programmen wurde das vorliegende Konzept von mir entwickelt und über zwei Jahre im Austausch mit Lehrern, Schülerinnen und Eltern erprobt. Es wird nun von Mitarbeiterinnen des Mannheimer Instituts und von Multiplikatoren, die in unseren Trainings ausgebildet wurden, an vielen Schulen eingeführt. Besonders danken möchte ich dabei der Konrad-Duden-Realschule Mannheim und dem Staatlichen Schulamt Mannheim sowie Frau Stiller und Frau Diesfeld vom Kinderschutzbund.

Mannheim, den 8.8.99 *Diemut Hauk*

Einleitung

Da die Gesellschaft Verantwortliche sucht für die Verschlechterung des sozialen Klimas, geraten Lehrer (oder Schulpsychologen u.a.), SchulpolitikerInnen und Eltern immer stärker ins Kreuzfeuer öffentlicher Kritik. Sie befinden sich in dem Dilemma, unter Handlungsdruck zu stehen, evtl. ohne effektive Handlungswege zu kennen. Ideale Lösungen gibt es nicht. Grenzen hat jede Methode. Schulmediation hat sich jedoch als eine Form der Gewaltprävention erwiesen, die auch ohne langwierige Vorbereitung in den bestehenden Schulalltag integriert werden kann.

Zur Durchführung von Schulmediation sind folgende Formen denkbar:

- *1. Schritt*:
Lehrer- und Eltern-Training in Mediation durch Externe
Einrichtung einer abgeschirmten Mediationsecke oder eines Schlichtungsraumes
Mediation durch Eltern und Lehrer, um Praxiserfahrung zu sammeln

- *2. Schritt:*
Die Einrichtung einer Schlichtungs-AG (Lehrer/Eltern trainieren Schüler)
Mediations-Training im Psychologie-Grundkurs
Peer-Mediation durch die ausgebildeten Schülerinnen
Die Erweiterung der Mediation auf andere Konfliktfelder, z.B. Eltern-Lehrer-Konflikte u.a.

Ziele von Mediation und Vorteile für die Schule:

Mediation will Gewalt verhindern, aber nicht den Streit.
Daher bietet Mediation die Chance, Streit ritualisiert und kultiviert auszutragen.
Mediation wirkt als Konfliktlösung auf zwei verschiedenen Ebenen, aus denen sich unterschiedliche Ziele ableiten:

Nahziele:
Auf der **Beziehungsebene** wird die **Dialogfähigkeit** wiederhergestellt. Die Mediatorin unterstützt zum einen die Konfliktpartner bei der **Darstellung ihrer ganz persönlichen Sichtweise** und **Wünsche**. Dadurch werden Selbstständigkeit und Eigenverantwortung gestärkt (=**Empowerment**) (10).

Auf der **Inhaltsebene** wird eine **faire, tragfähige Vereinbarung** ausgehandelt, mit der beide Seiten dauerhaft zufrieden sind. Es gilt das Fairnessempfinden der Kinder als Orientierungspunkt. Die Vereinbarung wird schriftlich fixiert.

Beziehungsebene	→	Dialogfähigkeit
Inhaltsebene	→	Schriftliche Vereinbarung

Fernziele:
Langfristig gesehen sind die Ziele des Konzeptes so angelegt, dass daraus eine sichtliche **Entlastung der Schule, respektive der Schulleitung und des Kollegiums** resultiert.
Die Entlastung ist in zweierlei Hinsicht spürbar. Zum einen wird Energie und Stress reduziert, da der Unterricht durch das **Delegieren von Streitfällen in den Schlichtungsraum** störungsfreier wird.
Zum andern können zeitlich aufwändige Sanktionsmaßnahmen entfallen. Hierzu gehören

- *Die Vergabe und Kontrolle von Strafarbeiten*
- *Die Einbestellung der Eltern*
- *Langwierige Besprechungen bezüglich Sanktionen eines Schülers in den Lehrerkonferenzen*
- *Schreibarbeiten u.a.*

Geschichtliche Hintergründe der Schulmediation

von Christopher Till*

Schulmediation ist in Deutschland ein neues Konfliktlösungs-Verfahren, das sich zunehmender Beliebtheit erfreut. Die Ursprünge liegen im *Collective Bargaining* (gemeinsames Verhandeln/Übereinkommen) (1). Die Verhandlungsarbeit der Quäker (Religiöse Gesellschaft der Freunde), die an verschiedenen politischen Verhandlungen der USA mit dem Nahen Osten erfolgreich waren, hatten großen Einfluss auf die Anerkennung des Mediationsverfahrens. Noch in den 60er-Jahren begann die Mediation sich als außergerichtliche Einigung, besonders in der Trennung/Scheidung zu verbreiten.
Ab Anfang der 70er-Jahre wurden in den USA Trainingsprogramme für Schüler und Lehrer entwickelt. Die Quäker führten 1972 an öffentlichen Grund- und Hauptschulen in New York ein Programm, genannt „Children's Creative Response to Conflict" (CCRC) ein, das „Abhängigkeit von Konkurrenz und Gewalt auf der psychischen, verbalen und physischen Ebene zu reduzieren" (2) versuchte. Fortbildungsveranstaltungen informierten Lehrer über den Nutzen und Aufbau des Programms. Die Klassen der interessierten Lehrer wurden eine Zeit lang beobachtet, um somit das Programm am effektivsten zu implementieren.
Das CCRC Programm bestand aus einstündigen, wöchentlichen Workshops im Klassenzimmer, die mit Absprache des Lehrers von zwei bis drei Trainern geleitet wurden. Die Workshops basierten auf Spielen und Übungen zu den Themen Kommunikation, Bestätigung/Stärkung des Selbstwertgefühls und Konfliktlösung. Durch den Aufbau des Selbstbewusstseins und des Gemeinschaftsgefühls wurden die Schüler zur Anwendung von konstruktiven Konfliktlösungsstrategien befähigt. Denn „erst wenn Kinder (und Erwachsene) ein positives Selbstbild entwickelt haben, werden sie es wagen, in einer Konfliktsituation auch die Argumente und Bedürfnisse anderer ernst zu nehmen und sich damit für konstruktive Lösungen zu öffnen" (2).
Weiterentwickelt wurden die Ideen des New-Yorker Quäkerprojekts von der Kingston Friends Workshop Group in der Nähe von London. In deren Seminaren wurden zum Einstieg Kennenlernspiele veranstaltet, um konstruktive Gruppenarbeit zu gewährleisten. Danach folgte ein theoretischer Teil, in dem das „Eisberg-Prinzip" der Problemlösung erläutert wurde. Die zwischenmenschliche Problemlösung wurde als die Spitze des Eisberges gesehen, unter der die notwendigen Fähigkeiten der Kommunikation, Kooperation und Bestätigung des Selbstwertgefühls liegen. Genau diese Fähigkeiten versuchte die

Kingston Friends Workshop Group durch Spiele, Übungen, Rollenspiele und Diskussionen den Teilnehmern anzutrainieren (3).

Ähnliche Bemühungen, Schüler konfliktfähiger zu machen, haben sich auch Anfang der 80er in San Francisco aufgezeigt. Das *Conflict Management Program*, 1982 in San Franciscos öffentlichen Schulen als Testprojekt eingeführt, zählt als Vorreiter der schulischen Peer-Mediations-Programme. Zwei Jahre später, 1984, erhielt das Projekt eine spezielle Auszeichnung vom kalifornischen Minister für Bildung und Lehre, „Superintendent of Public Instruction", und von der „California State Legislature" für eine vorbildliche, schulische Lehrplankonzeption und beispielhafte, schülerorientierte Konfliktbehandlung. Seitdem gilt das *Conflict Management Program* als Modell für viele ähnliche Projekte in USA und Kanada (4).

Jetzt, da die Peer-Mediation auch in Deutschland bekannt wird, haben die verschiedenen Programme in den USA und Kanada schon große Erfolge erzielt.

* Christopher Till, B.A.; Studium der Psychologie in Chicago, Lehrer, 1993–1996 Mitarbeiter am Conflict Management Program an der Burns Park Elementary School in Ann Arbor, Michigan; Trainer für Jugend- und Erwachsenenbildung. Lehr-Mediator am Mannheimer Institut für Mediation.

Zum Aufbau des Buches

Mit diesem Trainingshandbuch besitzen Sie alles, was Sie als Trainer benötigen für die Ausbildung von Schülermediatoren. Alle Lektionen sind auch geeignet zum Training von Erwachsenen!
Das Mediatorentraining umfasst 20 Unterrichtsstunden. Diese sind aufgeteilt auf fünf Nachmittage à vier Unterrichtsstunden. Jeweils zwei Unterrichtsstunden, also 90 Minuten, bilden eine Lektion. Das ergibt pro Nachmittag zwei Lektionen.
Dazwischen trifft sich die Projektgruppe, die die Mediation in der Schule verankert. Sie besteht aus freiwilligen Teilnehmern des Trainings (Schülerinnen, Lehrer und Eltern). Hier ein Beispiel:

Montag, 7.3.	14.00 – 17.00 Uhr	1. Schulungstag
Montag, 14.3.	14.00 – 17.00 Uhr	2. Schulungstag
Montag, 21.3.	14.00 – 17.00 Uhr	Projekt-Gruppe
Montag, 28.3.	14.00 – 17.00 Uhr	3. Schulungstag
Montag, 4.4.	14.00 – 17.00 Uhr	Projekt-Gruppe
Montag, 11.4.	14.00 – 17.00 Uhr	4. Schulungstag
Montag, 18.4.	14.00 – 17.00 Uhr	5. Schulungstag

Teil 1 des Buches
enthält das **vollständig ausgearbeitete Curriculum** mit allen notwendigen Arbeitsblättern und Schüleranweisungen in direkter Rede, Rollenspielanweisungen incl. Tipps zur Auswertung.
Die Lektionen sind einheitlich strukturiert. Im Vorfeld werden mithilfe einer Legende folgende Informationen gegeben:

Lernziele

Zeitaufwand

Methoden

Arbeitsmittel

Raumaufteilung

Jeder einzelne der fünf Schulungstage beginnt mit einem **Warming up**

und endet mit einer **Schlussauswertung**

Zur Visualisierung sind **Wandzeitungstexte** eingefügt.

Hilfestellungen für Sie als Trainerin sind als **Tipps und Tricks** an geeigneten Stellen der Lektion eingefügt

Lernimpulse und **Übungsanweisungen** sind hier für Sie als Trainer wörtlich vorformuliert.

Aufbau des Buches

Frage und Antwort am Ende jeder Lektion geben Aufschluss über auftauchende Probleme. Sie sind als praktische Ratgeber aus der Praxis für die Praxis geschrieben.

Das einführende **Referat in Lektion 1** verschafft den Schülern einen ersten Überblick über Methode, Zielsetzung, Rolle und Aufgabe der Mediatoren sowie den äußeren Rahmen von Mediation. In den Lektionen 2-4 wird **der psychologische Grundstein** gelegt für die spezielle Herangehensweise von Mediatoren an einen Konflikt und das Verstehen der Konfliktdynamik.

Das **Managen der Mediations-Techniken von Phase 1-5** wird in den Lektionen 6-9 vermittelt und durch Rollenspiele und Selbstwahrnehmungs-Übungen praktisch erfahrbar gemacht.

Jede dieser Phasen kann vom Trainer anhand des **Lehrfilms „Timo und Patrick auf dem Weg zum Sportplatz..."** oder des ausgearbeiteten Rollenspiels anschaulich vorgeführt werden.

Anschließend üben die Schülerinnen die phasenspezifischen Techniken „step by step" an dem Fallbeispiel „Der verschwundene Radiergummi" ein. So erobern Sie mit der Lerngruppe bausteinartig durch die 10 Lektionen das vollständige Mediationsverfahren. In der 10. Lektion und im Rahmen der folgenden Praxisbegleitung sollten Sie den Schülern Gelegenheit zu vollständigen Rollenspielen geben. Sie finden hierzu ausgearbeitete Vorlagen in Lektion 10 und in Teil 2 des Buches.

Teil 2 Anleitungen zum pädagogischen Rollenspiel
gibt Hilfestellung zur Vorbereitung, Durchführung und Auswertung der Rollenspiele (incl. Auswertungsbogen für die Kleingruppen und Fallbeispielen aus der Praxis).

Teil 3 Projektmanagement sollten Sie sehr wichtig nehmen!
Ohne gutes Projektmanagement kann ihre wertvolle Arbeit u.U. vergeblich gewesen sein. Sie finden **alle hierfür notwendigen Unterlagen**, vom Projektplan mit Zeitmanagement und Strukturaufbau des Mediationsprojektes, incl. Protokollen der Treffen (Danke an die IGH), über das Anschreiben an die Eltern, möglichen Einsatzfeldern von Eltern zum schriftlichen Kontrakt mit der Schule.
Plakate zur Einrichtung des Mediationsraumes und der Lehrfilm sind zu bestellen beim **Mannheimer Institut für Mediation.** (5)

1. Trainingstag

Lektion 1
Was ist Mediation?

Team-Entwicklung, Warming up
Vorstellung des Kurs-Programmes
Spielregeln für die Zusammenarbeit
Annäherung an das Thema Konflikte
Referat Schulmediation mit Lehr-Film

90 min

Kleingruppenarbeit
Brainstorming
Wandzeitung
Referat mit Film

Arbeitsblätter zur Lektion (Anhang)
Film „Timo und Patrick auf dem Weg zum Sportplatz"s (5) oder
Spielanweisung zum Rollenspiel „Timo und Patrick..."

Stuhlkreis, Platz für kleine Gruppen in den Ecken des Raumes zum Austausch

Schritt 1: Sie leiten das Warming up an.

Corso im Süden

Stellt euch vor, ihr seid im Süden und die Leute gehen zum Corso, wie sie es jeden Abend nach der Arbeit tun. Sie versammeln sich auf dem Marktplatz in der Mitte des Ortes und laufen umher. Diejenigen, die sie kennen, werden begrüßt, und es wird locker geplaudert. Bitte fragt jeden Schüler, dem ihr begegnet, was seine Erwartungen an den Kurs sind.

Dazu Musik z.B. von George Winston o.a.

Schritt 2: Sie begrüßen die Teilnehmer.

Sie begrüßen die Schülerinnen und laden sie ein, auf ein Tischkärtchen oder breites Tesa-Krepp-Band ihren Namen und ein zum Namen passendes Bild (Sonne o.a.) zu zeichnen.

Schritt 3: Sie geben den Kurs-Überblick.

Das Inhaltsverzeichnis kann als Folienvorlage benutzt werden.

Schritt 4: Sie leiten eine Übung zur Teamentwicklung an.

Zu Beginn unseres Kurses möchte ich euch eine Übung vorschlagen, bei der ihr feststellen könnt, wo ihr Gemeinsamkeiten habt und worin ihr euch unterscheidet. Ich werde euch gleich einige Begriffe nennen; zum Beispiel Hobby. Dazu gibt es Untergruppen, z.B.: Sport,. Musik, usw. Für jede dieser Untergruppen steht eine Ecke unseres Raumes zur Verfügung. Bitte begebt euch in die passende Ecke und tauscht euch dann pro Thema 3 min über folgende Fragen aus:
- *Was sind die Vorteile?*
- *Was sind die Nachteile?*
- *Wie hättet ihr es lieber, wenn ihr wählen könntet?*

Beispiele für die Raumaufteilung

Sport	Musik	Türkei	Italien
Hobby		**Das Land meiner Eltern**	
Weggehen	Sonstiges	Deutschland	Sonstiges

Einzelkind	1 Geschwister	9 a	9 b
Geschwister		**Klasse**	
2 Geschwister	mehr	9 c	sonstige

Deutsch	Erdkunde	Eigene Idee	Lehreridee
Lieblingsfach		**Warum bin ich hier?**	
Geschichte	sonstiges	Schüleridee	sonstige

© D. Hauk

Schritt 5: Sie erarbeiten mit der Gruppe Regeln zur Zusammenarbeit.*

Bitte überlegt euch
- *was ihr hier von der Gruppe braucht, um euch wohl zu fühlen und einander zu vertrauen und*
- *was ihr den andern geben könntet, damit diese sich hier wohl fühlen und euch vertrauen können.*

Mögliche Resultate (auf Wandzeitung):

Wandzeitung

feste Pausenzeiten, Nein-Sagen-Dürfen, Vertraulichkeit (Internes bleibt unter uns), Aufsichtspflicht, Kritik äußern dürfen, Freiwilligkeit der Teilnahme, Akzeptanz dessen, was jeder sagt.

Optimal sind generell Konsens-Regeln, mit deren Formulierung alle einverstanden sind. Sie benötigen allerdings etwas Zeit, um in Ruhe „Für-und-Wider-Argumente" einzelner Schüler abwägen zu können. Ihre Investition lohnt sich. Konsens-Regeln festigen den Zusammenhalt einer Gruppe und fördern die Kooperationsbereitschaft der Teilnehmer.

Kleine PAUSE

Schritt 6: Sie lassen Vor- und Nachteile von Konflikten erarbeiten.

Konflikt-Brainstorming:
Bitte überlegt euch, was euch spontan zu dem Thema Streit einfällt. Was kommt Euch in den Sinn, wenn ihr an Streit in der Schule, Streit in der Familie, Streit unter Freunden denkt. Schreibt alle Einfälle auf die Wandzeitung. Ihr könnt auch einfach etwas malen. Zensiert nicht im Voraus, sondern lasst eurer Phantasie freien Lauf.

* auch als eigener Baustein im Rahmen von sozialem Lernen möglich

Was ist Mediation?

Nun lassen sie die Schüler Positives von Negativem trennen.

Vorteile von Konflikten	Nachteile von Konflikten
Gelöste Konflikte *stärken:*	ungelöste Konflikte *fördern:*
• Durchsetzung und Selbstbehauptung	• Feindseligkeit
• Solidarisches Verhalten	• Erkalten der Gefühle
• Argumente vorbringen können	• Misstrauen
• Überzeugen können	• Unkonzentriertheit
• Verbündete finden	• Leistungsabfall
• Abwechselnd gewinnen und verlieren	• Weghören statt Zuhören
• Lebendig sein	• Missgunst
• Mut aufbringen	• schlechte Beziehung
• Sich abgrenzen gegen andere	• Feigheit
• Konfliktfreie Zeiten genießen	• Unmenschlichkeit
	• Einzelgängertum

Resümee:
Mediatorinnen sind Konflikten gegenüber nicht generell negativ eingestellt. Wenn Konflikte zur Zufriedenheit aller ausgetragen werden, können Sie unser persönliches Wachstum stärken und unsere Sicherheit im Umgang mit den Mitmenschen erhöhen. Mediation kann dazu ein Stück beitragen.

Schritt 7: Sie halten das Kurzreferat „Schul-Mediation".

(Folien 1–4 im Anhang des Referates)

Anschließend zeigen Sie zur Veranschaulichung den Video-Film „Timo und Patrick auf dem Weg zum Sportplatz"(5) oder lassen die Szene vorspielen.

Referat

A. Was ist Schulmediation?

Schulmediation ist Verhandlungsführung bei Konflikten zwischen zwei oder mehr Schülern, die sich nicht mehr verständigen können.

Schülermediatoren werden in der Fachsprache Peer-Mediatoren genannt. Peers sind die Gleichrangigen oder Gleichaltrigen.

Ziel von Mediation ist das Erarbeiten einer Win-Win-Lösung; einer Lösung, bei der es zwei Gewinner und keinen Verlierer gibt.

Mediation endet mit einer schriftlichen Vereinbarung. Sie enthält z. B. Entschuldigungen für unfreundliches Verhalten oder einen Ausgleich für Schaden. (Folie 1 zur Lektion) Amerikanische Untersuchungen zeigen, dass ausgehandelte Vereinbarungen fast immer eingehalten werden (6). Die Vereinbarungen werden ca. 14 Tage später nachgeprüft!

B. Der äußere Rahmen (dazu Folie 2)

- Eine Mediationssitzung dauert in der Regel 30–45 min. Bei größeren Problemen oder einer Vielzahl von Reibungspunkten werden mehrere Sitzungen durchgeführt.
- Die Schülerteilnahme an der Mediation ist freiwillig.
- Die Inhalte der Mediation werden vertraulich behandelt.
- Bei Mediation werden strafende Maßnahmen von Schul- und Elternseite ausgesetzt.
- Die Lehrer unterstützen die Mediatoren durch Überweisung von Fällen.

C. Die Rolle der Mediatoren (dazu Folie 3)

- Mediatoren sind **allparteilich**.
  Sie versuchen, beide Seiten in ihren Gefühlen und in ihren Wünschen ausgewogen zu verstehen.
- Mediatoren übernehmen die **Moderation**.
  Die Verantwortung für den **Gesprächsinhalt** liegt bei den Streitenden selbst. Mediatorinnen sind verantwortlich für den Gesprächsverlauf und die Einhaltung der Regeln. Sie äußern **keine eigene Meinung!**
- Mediatoren unterliegen der **Schweigepflicht**.
  Sie behandeln die Sitzungsinhalte vertraulich. Lehrerinnen, Eltern oder Mitschüler

erfahren auf Anfrage, dass eine Mediation stattgefunden hat und ob eine Vereinbarung zustande kam oder nicht.
- Mediatoren arbeiten **freiwillig**.
Die Sitzung kann abgebrochen werden, wenn die Mediatoren keinen Sinn mehr darin sehen. Dies geschieht, wenn eine der Streitparteien sich nicht an die Regeln hält oder wenn eine Seite nicht offen genug ist.
- Mediatoren arbeiten **bedürfnisorientiert**.
Im Unterschied zu den Schlichtern befassen sich Mediatorinnen näher mit den Konflikten der Streitenden. Sie fragen nach den Anlässen und sie versuchen die Gefühle der Beteiligten zu erfassen.

Beispiel:
Zwei Schüler streiten um einen Sitzplatz in der ersten Reihe. Im Streit werden Schimpfworte ausgetauscht und Drohungen ausgesprochen. Nach und nach verlieren beide den *Streitanlass*, nämlich den Wunsch, in der ersten Reihe zu sitzen, aus den Augen und bekämpfen sich gegenseitig. In der Mediation lenken die Mediatoren die Aufmerksamkeit wieder auf das ursprüngliche Streitobjekt zurück und fragen nach den eigentlichen Bedürfnissen.
In unserem Beispiel möchte Schüler A neben seinem Freund sitzen, Schüler B möchte dem Unterricht besser folgen können. Seine Eltern erwarten von ihm, dass er in der ersten Reihe sitzt.

Welche Lösungen wären denkbar?
Z. B.: Schüler A könnte mit seinem Freund in die zweite Reihe gehen.

- Mediatoren arbeiten **ziel- und zukunftsorientiert**.
Mediation endet mit einer schriftlichen Abschlussvereinbarung. Die Abschlussvereinbarung kann **Gesten der Wiedergutmachung** enthalten: „Dafür dass ich dich geärgert habe, entschuldige ich mich." Sie kann auch **Tauschgeschäfte** festhalten. Schüler B: *„Weil ich deinen Zirkel verbogen habe, kaufe ich dir einen neuen."* Zum Schluss werden ausgehandelte **Vorschläge für die** Zukunft notiert. Schüler A: *„Bevor ich Saschas Sachen dreckig oder kaputt mache, versuche ich mit ihm zu reden."* Die ausgehandelten Vereinbarungen beruhigen beide Kontrahenten, da keine Seite sich über den Tisch gezogen fühlt. Es gibt keinen Grund mehr, neuen Streit zu beginnen, da jeder das bekommen hat, was ihm wichtig ist.

D. Mediation im Unterschied zu Schlichtung

Es gibt einen grundlegenden Unterschied zwischen Schlichtung und Mediation. Der Schlichter trägt die Hauptverantwortung für das Schlichtungsverfahren und für den Inhalt. Er spricht Empfehlungen aus, die eine Art Kompromiss beinhalten. Im Gegensatz zur Schlichtung werden bei der Mediation keine Empfehlungen oder gar Lösungen vorgegeben. Mediation soll die Streitenden befähigen, eigene Lösungen zu finden, nachdem sie wieder dialogfähig sind, also wieder miteinander reden können.

Das Orangen-Beispiel:
Zwei Schwestern streiten sich um eine Orange. Der Schlichter-Spruch wäre in diesem Fall eindeutig: „Jedes Kind bekommt die Hälfte." Worin läge der Nachteil des Schlichterspruches? Schlichter-Sprüche orientieren sich **nicht an den Bedürfnissen** der streitenden Parteien. Es sind reine Sachlösungen im Sinne eines **Kompromisses**. Diese können zwar von den Streitenden als fair empfunden werden, stimmen aber in der Praxis oft nicht mit den wahren Wünschen der Streitenden überein.

Mediatoren hingegen **gehen einen Schritt weiter**. Sie fragen nach den **Wünschen**, die mit dem **umkämpften Objekt** verknüpft sind. Durch die Frage nach der **persönlichen Bedeutung** oder nach den konkreten Wünschen in der Mediation werden Ideen für eine Vereinbarung freigesetzt, welche von beiden als gerecht und passend empfunden wird.

Zurück zum Orangenbeispiel:
Sehen wir hinter die Streitkulissen, so kommen wir zu den Anliegen der Streitenden. In diesem Fall möchte eine der beiden Schwestern das Fruchtfleisch essen, die andere möchte aus den Schalen Segelschiffchen bauen. Mit diesem Wissen ausgestattet, lässt sich leicht eine Lösung finden, die für beide Seiten annehmbar wird.

E. Die 5 Phasen der Mediation

Hierzu Folie 4 (parallel zu den Phasen die entsprechenden Ausschnitte des Filmes oder des Rollenspiels „Timo und Patrick auf dem Weg zum Sportplatz")
Eine Schlichtungssitzung ist strukturiert durch fünf aufeinander aufbauende Verhandlungsphasen. Jeder Phase sind spezifische Techniken der Verhandlungsführung und Phasenziele zugeordnet.

Phase 1: Einleitung + Kontrakt
Zu Beginn werden die Regeln für die Sitzung besprochen, die Zustimmung der Teilnehmenden eingeholt, das Mediations-Verfahren erläutert und die Rolle der Mediatoren dargestellt.

Phase 2: Standpunkte anhören + Sachverhalte klären
In der zweiten Phase zeigen die Streitenden ihre Standpunkte auf. Die Mediatoren haben die Aufgabe, diese zu verstehen und das Negative herauszufiltern.

Phase 3: Die persönliche Bedeutung des Konfliktes hinterfragen
Mit der Frage: „Was bedeutet das Ganze für dich?" wird nach den persönlichen Gründen für den Streit gesucht.

Phase 4: Von der Vergangenheit zur Zukunft
Die Vergangenheit wird im Rückblick der Phantasie einem guten Ende zugeführt. Es wird ein „Happy-End im Kopf" hergestellt. Durch die Überlegung: „Wie hätte es denn anders laufen können?", werden Ziele definiert und mögliche Lösungen für die Zukunft angedacht. Wird Schuld in Einsicht verwandelt, kann der Mediator den direkten Gesprächskontakt zwischen den Teilnehmern wieder herstellen.

Phase 5: Tauschgeschäfte werden getätigt
Nun steuert die Mediatorin Wiedergutmachungen für entstandenen seelischen oder materiellen Schaden an und lässt die Streitpartner Ideen für ein besseres „Miteinander" in der Zukunft erarbeiten: „Was willst du, damit ihr wieder quitt seid? Was bist du bereit, dafür zu geben?" Hierzu wird das Verfahren des Brainstorming eingesetzt. In der Schlussvereinbarung werden die Ergebnisse schriftlich festgehalten und von allen Beteiligten unterschrieben (Muster im Anhang zur Lektion). Nach der Festlegung eines Termins zur Nachkontrolle endet die Mediation.

> **Schritt 8: Sie stellen eine Konfliktszene und das anschließende Mediationsgespräch im Lehrfilm oder als Rollenspiel dar.**

„Timo und Patrick auf dem Weg zum Sportplatz"
Drei Schüler oder Koreferenten spielen, nachdem sie von Ihnen angeleitet wurden, das nun folgende Spiel vor.

Vor-Information an die Schüler:
Das hier ist Timo und dies ist Patrick. Die beiden Schüler der Klasse 7a der Realschule von Wallzürn, befinden sich auf dem Weg zum Sportplatz. Sie mögen sich seit einigen Wochen nicht, und es kommt immer wieder zu kleinen und größeren Auseinandersetzungen. Seht euch eine Szene an, die sich auf dem Weg ereignet.

Spielanweisung Timo und Patrick

• Teil 1: Auf dem Weg zum Sportplatz

Timo (T) und Patrick (P) schlendern – 3 m voneinander entfernt – langsam in eine Richtung. Timo läuft etwas vor Patrick. 2m von Timo entfernt sind zwei weitere Schüler von Timos Clique. Timo bleibt abrupt stehen, so dass Patrick auf ihn stößt. Dabei hat er seinen Ellbogen nach hinten gezogen und stößt Patrick diesen in den Arm.

T: „Na, du Ratte? Jetzt bist du klein mit Hut. Kein großer Rektor, der dem armen Patrick hilft. Kein großer Lehrer, der den Timo rausschmeißt. Das gefällt dir wohl gar nicht."

Patrick ist erschrocken, bekommt Angst und läuft schneller. Timo und seine Verbündete laufen ebenfalls schneller. Timo versperrt Patrick noch einmal den Weg und schnauzt ihn an:

T: „He, du Milchgesicht. Was rempelst du mich an? Wenn das noch mal vorkommt, werden wir dir's gründlich zeigen, kapiert?"

Patrick ist blass und rennt nach Hause. Im Wegrennen ruft er aus sicherer Entfernung:

P: „Warte Timo, diesmal fliegst du von der Schule! Das garantiere ich dir. Dafür werde ich sorgen! Diesmal bist du dran!"

• Teil 2: Beim Schulleiter

Patrick und Timo treffen sich am nächsten Tag in der Schule. Patrick hat noch Schmerzen am Arm. Seine Idee, zu Timos Entlassung aus der Schule beizutragen, will er in die Tat umsetzen. Er geht also zum Schulleiter, um sich zu beschweren. In der nächsten Stunde wird Timo zum

Was ist Mediation?

Schulleiter gerufen im Beisein der Klassenlehrerin und im Beisein von Patrick. Der Schulleiter plädiert direkt für einen Ausschluss vom Unterricht für eine Woche, weil Timo in letzter Zeit häufiger in Raufereien verwickelt war.

Nun geschieht etwas Neues. *Die Klassenlehrerin fragt Timo, wieso er Patrick ohne ersichtlichen Grund gerempelt hat. Dieser erzählt die Vorgeschichte – wie es zu der Szene aus seiner Sicht kam und die Lehrerin erkennt, dass dieser Streit eine längere Geschichte hat.*
Daher macht sie folgenden Vorschlag:
„Wie wäre es, wenn ihr beide versucht, euren Streit zu besprechen? Ihr könnt in die Mediation gehen. Wir haben jeden Tag in der Hofpause 2 ausgebildete Schülermediatoren im Schlichtungsraum, die sich freuen, wenn ihr kommt. Wollt ihr es nicht mal versuchen?"
Sie erklärt dem Schulleiter, dass ein Ausschluss die Beziehung der beiden noch verschlimmern würde, weil Timo danach noch ärgerlicher auf Patrick wäre und Patrick Angst vor Timos Rache hätte. Der Schulleiter stimmt dem zu und stellt die Idee des Ausschlusses erst einmal zurück.
Nach anfänglichem Zögern stimmen beide Jungen zu, weil beide hoffen, dass sie in der Mediation Recht bekommen.

• Teil 3: Im Mediationsraum
Timo und Patrick in der Mediation
Tanja und Mustafa (M) haben Dienst. Mustafa übernimmt die Mediation und Tanja schaut zu.

Phase 1: Einleitung + Kontrakt
Mediation erläutern und Einverständnis holen
Begrüßung: Tag, ich bin ... und wer seid ihr?
M: Schön, dass ihr beide gekommen seid. Ihr habt vielleicht Mut dafür gebraucht?
Patrick und Timo nicken.
M: Ich will euch erst erklären, was Mediation ist, und ihr könnt sehen, ob ihr damit einverstanden seid. Dann reden wir über euren Streit, okay?
Patrick und Timo nicken.
M: In der Mediation sprecht ihr zu mir und nicht miteinander. Deshalb stehen hier auch die Stühle anders als ihr es kennt. Das hilft euch, zu reden ohne gleich zu streiten. Meine Aufgabe hier ist es, euch beide gleich zu behandeln, denn aus eurer

Sicht habt ihr beide Recht. Damit das Ganze funktioniert, solltet ihr zu drei Vereinbarungen JA sagen:
1. Es spricht nur einer.
2. Ihr versucht, euch nicht zu verletzen oder zu kränken.
3. Unser Gespräch ist vertraulich. Seid ihr damit einverstanden?
T: Nur, wenn der Patrick auch zustimmt. Sonst nicht!
M: Also du hast eine Bedingung. Patrick muss auch zustimmen. Patrick, stimmst du zu?
P: Nur wenn Timo zustimmt.
M: Ihr stimmt also beide zu, wenn der andere zustimmt.
Patrick und Timo nicken und sagen JA.
M: Also prima, da haben wir schon die erste Vereinbarung.

Phase 2: Beide Standpunkte anhören + Sachverhalt klären

M: Patrick, willst Du zuerst mal erzählen, wie die Sache aus deiner Sicht aussieht? Timo, ich frage dich dann auch gleich.
P: Also es war so. Gestern boxt mich der Timo einfach so. Mir tut jetzt noch der Arm weh. Eigentlich sollte er den Schulausschluss bekommen, Er hätte es verdient.
T: Wenn du mich im Unterricht so bescheuert anglotzt, geschieht es dir Recht. Ich hätte viel kräftiger zuschlagen sollen.
M: Stopp! Mediation ist anders. Sprich bitte ganz direkt zu mir. Erzähl **mir weiter**, was du erlebt hast, Patrick.
P: Ich lasse mich weder anrempeln noch beschimpfen. Von niemandem. Schon gar nicht von dem. Er hat mich nicht nur gerempelt, sondern auch noch behauptet, ich hätte angefangen! Der spinnt.
M: Du wirkst echt sauer. Bist du deshalb so wütend auf Timo, weil der dich verletzt hat, ohne dass es deiner Meinung nach einen Grund dafür gab?
P: Genau!
M: Timo, wie sieht die Sache von deiner Seite aus?
(Sie schaut Timo ermunternd an)
T: Der Patrick schaut mich in der Schule ständig so doof von der Seite an und macht Grimassen, das ist nicht zum Aushalten. Irgendwann hat es mir gereicht, und jetzt habe ich ihm eine Abreibung verpasst. Er ist selbst schuld.
M: Okay. Du hast dich von Patrick provoziert gefühlt, weil er dich angeschaut hat und deshalb hast du ihn gerempelt.
T: Weiß nicht. Außerdem ist er selbst schuld. Was läuft er so knapp hinter mir. Er wollte es wissen, er ist selbst schuld!

M: Du meinst, dass Patrick *dich* ärgern will. Stimmt das?
P: Das will ich nicht. Der lügt doch wie gedruckt. Warum sollte ich den ärgern? Timo hat angefangen.
T: Patrick hat angefangen. Dann war er schon 3x beim Schulleiter! Ich ziehe immer den Kürzeren.
M: Okay. Hört: ich bin **kein Richter**. Hier wird nicht nach Schuld gesucht. Mir geht es nur darum, zu verstehen, wie es euch geht. Jetzt erzähl mir bitte Timo, was dieser Blick von Patrick für dich bedeutet hat, dass du so wütend geworden bist.
T: Wenn der so blöd schaut, fühlt man sich ganz klein.
M: *(fasst zusammen)*
Ihr beide habt ein Problem und müsst euch wehren. Du Timo durch Rempeln und du Patrick, indem du mit dem Schulleiter drohst.

Phase 3: Die persönliche Bedeutung des Konfliktes finden

M: Timo, was bedeutet das Ganze für dich? Wie kam es zu der großen Wut?
T: Der Patrick braucht gar nicht so zu tun. Es ist keine Woche her, da hat er nämlich angefangen. Beim Fußball hat er mir so eine reingetreten, dass es jetzt noch weh tut. Und das war Absicht. Nur, da hat keiner etwas gesagt. Da hieß es: Der liebe kleine Patrick kann nichts dafür, weil so etwas im Sport häufig vorkommt. Falscher Hund! Mich erwischt es immer gleich, und ich bin immer gleich schuld.
M: Das findest du ungerecht.
T: Ja.
M: Was bedeutet es noch?
T: Eigentlich erwischt es immer mich. Der liebe kleine Patrick. Kann nie etwas dafür!
M: Und da war die sogenannte Abreibung eigentlich auch die Rache für den Tritt? Stimmt's?
T: Genau. Geschieht ihm Recht.
M: Timo, ich will mal versuchen, dies dem Patrick zu erklären, okay? Patrick. Hör zu. Für Timo sieht es so aus, dass er sich sehr ungerecht behandelt fühlt. Und zwar von allen. Von dir, wenn du ihn während des Sportunterrichts trittst. Von den Lehrern, wenn sie dir Recht geben, vom Schulleiter, wenn er dir Recht gibt. Eigentlich sieht Timo keine andere Chance, sich zu wehren, als außerhalb der Schule, auf dem Heimweg, mit Hilfe von andern aus seiner Clique.
M: Das war Timos Sicht. Jetzt interessiert es mich, Wie du es erlebt hast, Patrick. Wie sieht euer Streit aus deiner Sicht aus?
P: Wozu gibt es eigentlich die Regel: Keiner beschimpft den andern. Der Timo hat

mich jetzt schon 2x beschimpft. Einmal hat er z.B. „falscher Hund" gesagt.
M: Weil er sehr gekränkt ist. Timo, du musst dich an die Regeln halten. Versuche bitte, die Beleidigungen wegzulassen. Okay?
T: Ja.
M: Patrick, bitte erzähle mir jetzt, wie du euren Streit erlebt hast.
P: Ich hoffe, dass der Timo von der Schule fliegt.
M: Was bedeutet das für dich?
P: Dann muss ich ihm nicht mehr ständig aus dem Weg gehen.
M: Du musst dich vor ihm verstecken?
P: Ja.
M: Was bedeutet es noch?
P: Ich bräuchte dann keine Angst mehr vor ihm zu haben.
T: Vor mir? Ha, ha, ha.
M: Timo, einen Moment Geduld noch. Ich will versuchen, den Patrick ganz zu verstehen. Das ist für euch beide gut. Also Patrick, der Timo kann dir ganz schön Angst einjagen?
P: Ja. Wenn der schlecht gelaunt ist, schlägt er wild um sich. Ich sollte endlich in Karate gehen.
M: Du kannst dich körperlich nicht genug wehren gegen den Timo. Hast du ihm deshalb im Fußball eine getreten, als die andern zu deinem Schutz in der Nähe waren?
P: Ja.
M: Timo, der Patrick hat Angst vor dir. Hast du das gewusst?
T: Hm.
M: Jetzt würde mich interessieren, wie es euch im Moment geht.
T: Ich bin nicht mehr wütend.
P: Ich auch nicht.
M: Ich glaube, ihr beide habt euch sehr provoziert gefühlt und ein bißchen Angst vor einander gehabt.

Phase 4: Von der Vergangenheit zur Zukunft
M: Gut. Dann frage ich dich, Patrick; Was hättest Du dir anders gewünscht. Was hätte anders laufen können?
P: Dass Timo mich in Ruhe lässt. Dass er mich nicht bedroht.
M: Du hättest dich gerne sicher gefühlt vor Timo. Willst du es Timo direkt sagen?
P: Ich will nicht mehr von dir bedroht werden!
T: Hab ich doch gar nicht.

M: Timo, du wolltest den Patrick nicht absichtlich bedrohen, stimmt's?
T: Ja.
M: Timo. Was hättest du dir anders gewünscht?
T: Dass er mich direkt anspricht, statt mich zu verpetzen.
M: Du hättest dir gewünscht, dass der Patrick sich an *dich* direkt wendet, anstatt zum Schulleiter zu gehen.
T: Ich hasse es, wenn er zum Schulleiter geht. Das ist unfair.
P: Ich habe es nicht so gemeint.
M: Patrick, du wolltest ihn auch nicht absichtlich verletzen, stimmt's?
P: Ja.
M: Prima. Vielleicht finden wir jetzt eine Regelung für die Zukunft, mit der ihr euch vertragen könnt. In Zukunft würdet ihr es anders machen.

Phase 5: Tauschgeschäfte werden getätigt

M: Timo, was würdest du dir von Patrick wünschen, damit ihr wieder quitt seid? Und was könntest du Patrick geben, damit er auch zufrieden ist?
T: Der soll mich nicht dauernd bei den anderen schlecht machen!
M: Gut. Und was gibst du ihm dafür?
T: Ich lasse ihn in Ruhe.

M (schreibt auf Kärtchen oder auf Flipchart):

Tauschvorschlag 1:
Timo lässt Patrick in Ruhe. Patrick geht nicht mehr zum Schulleiter oder Lehrer, sondern direkt zu Timo, wenn er etwas zu sagen hat.

M: Patrick. Du hast es gehört. Wärst du damit einverstanden oder hättest du einen anderen Vorschlag?
P: Für den blauen Fleck will ich 10 DM. Das ist Schmerzensgeld.
T: Ich will auch 10 DM für den Fußtritt letzte Woche. Ich will sogar 50 DM, weil es 5 mal so weh getan hat, weil mir keiner Recht gegeben hat.
M: Du meinst, du hast viel mehr gelitten als der Patrick?
T: Ja.
P: Und was ist mit meiner Angst? Ich habe mich wegen dir kaum rausgetraut letzte Woche. Dafür bekomme ich auch 50 DM.

M schreibt:

Tauschvorschlag 2:
Timo gibt Patrick 50 DM. Patrick gibt Timo 50 DM für seine Angst für den Fußtritt im Sport.

P: Oh, das geht auf. (lacht). Wir sind ja schon quitt.
T: (lacht): Stimmt.
M: Habt ihr noch mehr Ideen?
T: Weil es uns beiden schlecht ging, könnte ich in Zukunft den Patrick unter meinen Schutz stellen.
P: Wir könnten zusammen ins Kino gehen.

M (schreibt):
Tauschvorschlag 3:
Patrick steht unter Timos Schutz, beide gehen ins Kino.

Phase 6: Vereinbarung aufschreiben
M: Ja. Lasst uns jetzt eine Vereinbarung für die Zukunft aufschreiben. Was könntet ihr ausmachen, dass ihr nicht wieder streiten müsst?
P: Wir könnten beide ehrlich sein und sagen, was uns nicht passt, anstatt zum Schulleiter zu laufen.
T: Ja. Das finde ich auch gut.
M: Okay, dann will auch das mal aufschreiben.
Mediatorin füllt die Vereinbarung aus, lässt sie von beiden unterschreiben und unterschreibt selbst auch.
M: Könnt ihr beide in 2 Wochen noch mal kurz kommen, damit wir sehen, ob ihr die Vereinbarung einhalten konntet? Okay. Dann schreibe ich für den Nachtermin den 15.12. auf. In der Hofpause.
T u. P: Okay.
M: Du bekommst ein Formular und du bekommst auch eines. Schließt es weg. So. Das haben wir alle drei sehr gut gemacht. Ihr habt toll mitgearbeitet, auch wenn es schwer wurde. Wollt ihr euch die Hand geben als Zeichen dafür, dass ihr euch wieder vertragt? Vielen Dank und tschüss bis zum 15.!
M verschließt das Formular.

Schritt 9: Diskussion

Große PAUSE

Protokoll der Konfliktschlichtung

Datum der Sitzung: _____

Name des Teilnehmers/der Teilnehmerin 1: _____

Name der Teilnehmerin/des Teilnehmers 2: _____

Name der Schlichterin/des Schlichters: _____

Vereinbarung: _____

_____

_____

_____

_____

_____

Ein Nachtermin findet am _____ (Datum) um _____ Uhr statt.

Unterschriften: _____

Teilnehmer/Teilnehmerin 1: _____

Teilnehmerin/Teilnehmer 2: _____

Schlichter/Schlichterin: _____

(Folie 1)

© D. Hauk — Mannheimer Institut für Mediation

DER ÄUSSERE RAHMEN

Sitzungsdauer: 45 Minuten

Freiwilligkeit

Vertraulichkeit

Aussetzen von Strafen

Unterstützen der Mediatoren
durch das Kollegium (Überweisung)

(Folie 2)

DIE ROLLE DER MEDIATOREN

Mediatoren sind allparteilich

Mediatoren übernehmen die Moderation

Mediatoren unterliegen der Schweigepflicht

Mediatoren arbeiten freiwillig

Mediatoren arbeiten bedürfnisorientiert

Mediatoren arbeiten Ziel- und zukunftsorientiert

(Folie 3)

PHASEN DER MEDIATION

Phase 1
Mediation erläutern und Einverständnis holen

Phase 2
Beide Standpunkte anhören und verstehen

Phase 3
Die persönliche Bedeutung des Konfliktes finden

Phase 4
Von der Vergangenheit zur Zukunft

Phase 5
Wiedergutmachung/Versöhnung

(Folie 4)

Mannheimer Institut für Mediation

© D. Hauk

Frage und Antwort

Frage: In welchen Fällen wird Mediation angewendet?

Antwort: Es gibt keine Richtlinien für den Einsatz von Mediation in der Schule.
Das Spektrum von Einsatzmöglichkeiten der Mediationsmethode reicht von kleinen Reibereien über Beschimpfungen und Beleidigungen bis zu Zerstörung von Gegenständen oder Drangsalierung einzelner Schüler. In allen Stufen der Konflikteskalation findet Mediation Anwendung, wenn folgende Faktoren berücksichtigt werden:

→ **Eignung der Mediatoren.** Anfänger sollten sich weniger zumuten als in Mediation erfahrene Lehrerinnen oder Schüler.

→ **Bereitschaft der Streitenden zur Mediation.** Grundvoraussetzung für jedes erfolgreiche Schlichtungsgespräch in der Schule ist die freiwillige Teilnahme von beiden Kontrahenten.

→ **Aussetzen von Strafe** Es ist kontraproduktiv, wenn parallel zur Mediation von Lehrerinnen oder Eltern Strafen ausgesprochen werden. Mediatorinnen sehen zwei Konfliktbeteiligte, während beim Strafen meist eine Seite für schuldig gehalten wird. Wenn Schüler in der Mediation noch ärgerlich sind, weil sie das Gefühl haben, zu unrecht bestraft worden zu sein, wird die Mediation blockiert. Die Mediatorin hat es dann schwer, ihre allparteiliche Haltung glaubwürdig zu vertreten.

→ Zusätzliches Informieren von Versicherungen, wenn Sach- oder Personenschaden entstanden ist.

1. Trainingstag

Lektion 2
Psychologische Grundlagen I *

Wie sehen Mediatoren den Konflikt?

1. Vermittlung von Basisinformation durch die praktische Erfahrung des Perspektivenwechsels und der allparteilichen Haltung der Mediatoren
2. Wahrnehmung der negativen Folgen von Sanktionen auf die Psyche und auf die Beziehung der Streitpartner.

90 min

Kurzgeschichte
Übung: „mein Standpunkt"
Erarbeiten der Fragen in Kleingruppen
Visualisierung auf Wandzeitung
Impulsreferate
Auswertung

Wandzeitung an zwei gegenüberliegenden Wänden
Stifte
Auswertungsbögen
Pappkarton, ca. 50 cm Durchmesser

Raum zweigeteilt. In der vorderen Hälfte Stuhl- oder Tischkreis. Genügend Platz vor den Wandtafeln für eine „Vernissage" im Stehen

* auch als eigener Baustein im Rahmen von sozialem Lernen möglich

Mannheimer Institut für Mediation

© D. Hauk

Psychologische Grundlagen I

Schritt 1: Sie geben den Lernimpuls zum Thema „Mediatives Denken".

Die erste und wichtigste Grundlage der Mediation ist die grundsätzliche Offenheit der Mediatoren den Streitpartnern gegenüber. Sie ergreifen Partei für beide Seiten. Im ersten Teil von Lektion 2 lernt ihr, bei der Betrachtung des Streites anderer eure persönliche Wertung wegzulassen. Statt dessen versetzt ihr euch nacheinander in die Welt von zwei Menschen. Als durchschnittliche Zuschauer eines Tischtennis-Matches beispielsweise wärt ihr dafür, dass eine Seite gewinnt. Eure Energie wäre praktisch nach links oder nach rechts ausgerichtet. Ihr würdet die linke oder die rechte Seite anfeuern. Ihr würdet sicherlich Genugtuung verspüren, wenn euer Favorit gewänne.
Als Mediatorinnen dagegen würdet ihr wünschen, dass beide Seiten gewinnen. Ihr würdet zwei Daumen drücken statt einen.
Im zweiten Teil der Lektion werden wir die unterschiedlichen Wirkungen von Strafe und Mediation gegenüberstellen.

Schritt 2: Sie stellen die Geschichte von Familie Grantig vor.

Sie verlassen mit den Schülern gedanklich das Feld Schule, um nicht durch die Erinnerungen an Alltagsprobleme vom Wesentlichen abgelenkt zu werden. Es folgt die Geschichte eines Geschwisterstreites, als Grundlage des einfachen Lernbeispiels:

Erzählung:
Eine Verwandte war am Sonntag zu Besuch bei Familie Grantig, bestehend aus den Geschwistern Steffi (11 Jahre) und Tim (9 Jahre), Frau Grantig und Herrn Grantig. Als Geschenk brachte sie neben anderen Dingen einen Lederball der besten Sorte für die beiden Geschwister Tim und Steffi mit. Da sie nicht erklärte, wem der Ball gehören soll, kam es zum Riesenzoff. Die Kinder waren nun nach dem Abschied der Verwandten beide der Meinung, der Ball gehöre ihnen. Steffi pochte auf *ihr* Recht, weil sie beim letzten Besuch der Verwandten nichts bekam, Tim bestand auf *seinem* Recht, weil die Verwandte seine Patin sei. Es kam zu einem heftigen Gerangel, bei dem Steffi an Tim zerrte und hierbei sein Hemd zerriss. Frau Grantig machte daraufhin kurzen Prozess. Sie verdonnerte Steffi zu einem Nachmittag Hausarrest und sperrte den Ball weg mit den Worten: „Spielen wollt ihr ja anscheinend doch nicht mit dem Ball!"

Steffi war sauer auf Tim wegen des Hausarrestes. Tim war wütend auf Steffi, weil der Ball weg war.

> **Schritt 3: Sie stellen die folgende Übung vor.**

Übung: Wer hat Recht? Hat wer Recht?

Ich möchte euch jetzt Gelegenheit geben, zu lernen, wie eine Mediatorin zu denken. Bitte teilt euch in zwei Gruppen auf.
Gruppe A – bestehend aus der linken Hälfte der Schülerinnen im Raum – vertritt die Meinung, Steffi habe ein Anrecht auf den Ball. Ihr begebt euch bitte auf die linke Seite des Raumes. Gruppe B – die rechte Hälfte – gibt Tim Recht. Ihr begebt euch bitte auf die gegenüberliegende Seite.
Nun sammelt Gruppe A gemeinsam mindestens vier gute Gründe dafür, dass **Steffi** *im Recht ist. Gruppe B versetzt sich in die Position von Tim und sammelt mindestens vier gute Gründe dafür, dass* **Tim** *im Recht ist. Die Ergebnisse werden schriftlich auf der Wandtafel festgehalten.*

Zeit: 10 Minuten

Wandzeitungen

Steffi hat Recht, weil	Tim hat Recht, weil
1.	1. ....
2.	2. ....
3.	3. ....
4.	4. ....

• Beispiel-Antworten aus Sicht von Steffi:
Steffi hat Recht, weil sie das letzte Mal nichts bekommen hat, weil sie sonst als Ältere immer nachgeben muss.

• Beispiel-Antworten aus Sicht von Tim:
Eine Patentante ist etwas Besonderes und deshalb gehört der Ball auf jeden Fall Tim. Wenn Steffi etwas von ihrer Patentante bekommt, gehört das schließlich auch ihr alleine.

Mannheimer Institut für Mediation

© D. Hauk

Schritt 4: Die Arbeitsergebnisse werden als Einzelstatements verkündet.

Sie legen vor jede Gruppe eine kreisförmige Plattform (Pappkarton, ca. 50 cm Durchmesser) auf den Boden. Nun werden die Teilnehmerinnen aufgefordert, die gesammelten Ideen nacheinander, in den Kreis (=Standpunkt) tretend, vorzutragen. Es wird nicht diskutiert.

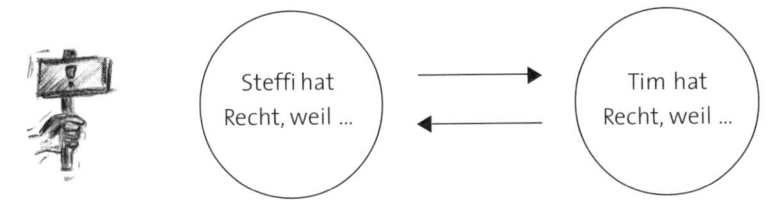

Steffi hat Recht, weil ... ⟶ ⟵ Tim hat Recht, weil ...

Schritt 5: Perspektivenwechsel wird vollzogen.

Nun wechseln beide Gruppen räumlich die Seiten und nehmen die gegensätzlichen Standpunkte ein.
Bitten Sie die Teilnehmerinnen, wieder mindestens vier gute Gründe zu suchen, der anderen Seite Recht zu geben. Auch diese werden auf der Wandzeitung notiert und danach in Einzelstatements vorgetragen.

Auswertung im Halbkreis stehend an der Wandzeitung:
„Wie war der Wechsel von einer Position in die andere? Wie habt ihr euch dabei gefühlt?"
„Was habt ihr dabei gedacht?"
„Wen konntet ihr leichter verstehen?"
„Wie fühlt ihr euch jetzt?"

Resümee:
Die Frage von Recht und Unrecht ist eine Frage des Standpunktes, den ich gerade einnehme. Die Stärke der Mediatoren zeigt sich darin, dass sie in der Lage sind, abwechselnd beide Seiten zu verstehen! Dadurch können sie allparteilich sein.

5 Minuten PAUSE

Schritt 6: Sie leiten über zum Thema: Wirkung von Strafe

Fragen an die beiden Gruppen:
Steffi hat Hausarrest bekommen und der Ball wurde weggesperrt.

a) Welche Konsequenzen hat dies für die Beziehung zwischen Tim und Steffi?
(Sammeln Sie die Antworten auf der Wandzeitung)

- Sie schauen sich nicht mehr an.
- Sie streiten bei nächster Gelegenheit wieder, da negative Gefühle geblieben sind.
- Tim wartet auf Gelegenheit zur Rache.
- Steffi wird schnell wütend wegen ihres schlechten Gewissens.

*b) Welche Konsequenzen hat dies für die Beziehung zwischen den **Geschwistern und ihrer Mutter**?*

- Steffi fühlt sich ungerecht behandelt und schmollt.
- Sie reagiert auf spätere Bitten der Mutter ärgerlich.
- Die Mutter antwortet entsprechend aufgebracht und die Beziehung „grummelt".
- Der Streit kann jederzeit neu aufflammen.

Resümee: *Im Unterschied zu unserem Rechtssystem entscheidet in der Mediation keine höhere Macht über die Frage der Strafe. Sie spielt in der Mediation deshalb auch keine Rolle. Im Gegenteil – Mediatoren sind offen für die Geschichten von beiden Streitenden: „Ich bin neugierig, wie es zu dem Streit kam. Wie wohl der Standpunkt der Gegenseite klingt? Was haben die beiden Streithähne eigentlich gemeinsam?" So schaffen Sie ein*

Klima des Vertrauens, indem sich die streitenden Schülerinnen gegenseitig verstehen können. Nach und nach spüren sie, was sie beim anderen ausgelöst haben, möchten dies wiedergutmachen und finden eine passende Form des Ausgleichs.
Durch die oberflächliche Scheinlösung des Konfliktes wurden neue Konfliktherde geschaffen, die weiter schwelen.
Der Streit zieht eventuell seine Kreise und verstärkt sich, wenn neuer Konfliktstoff hinzukommt. Zwischen Tim und Steffi wurde von der Mutter unwissentlich ein Keil getrieben, weil beide Kinder sich ungerecht behandelt fühlten. Der Ball ist zwar längst vergessen, die Wut aber nicht unbedingt verschwunden. Durch die Bestrafung ist auch neuer Konfliktstoff zwischen den Geschwistern und ihrer Mutter entstanden, weil das Vertrauen gestört wurde.

Schritt 7: Sie sammeln mit der Gruppe mögliche Lösungen für den Konflikt.

Schritt 8: Sie lassen Beispiele für die Folgen von Sanktionen im Schulalltag suchen.

Z.B. Sanktion durch die Schule:

Eine Mutter wird in die Schule einbestellt, weil ihr Sohn einen Mitschüler geschlagen hat.
Erste Folge: Die Mutter erzählt dies abends dem Vater.
Zweite Folge: Der verpasst ihm daraufhin Prügel.
Dritte Folge: Die Mutter bekämpft dafür den Vater, zumindest oberflächlich.
Vierte Folge: Am nächsten Tag tritt der Schüler auf dem Heimweg von der Schule den jüngeren Schüler einer anderen Schule.

Beispiel 2 zur Veranschaulichung:

Eine Schülerin beleidigt eine Klassenkameradin. Diese erzählt ihren Eltern davon. Daraufhin ruft die Mutter sehr erbost bei der Mutter der Klassenkameradin an, zankt sich am Telefon mit ihr und erteilt ihrer Tochter Kontaktverbot mit der Klassenkameradin. Ein kleiner Streit weitete sich so zu einem großen Konflikt aus, in den mehrere Personen einbezogen waren.

Schritt 9: Fragen an die Gruppe:

1. Welche Folgen hat es für die Beziehung zwischen Lehrer und Schüler, wenn der Schüler sich vom Lehrer zu Unrecht bestraft fühlt?
2. Welche Folge hat es für die Beziehung zwischen zwei zerstrittenen Schülern, wenn die Lehrerin sich einmischt, Partei ergreift und sich entschließt, einem von beiden Recht zu geben und den anderen zu bestrafen?

Schritt 10: Abschlussspiel „Ich packe meinen Koffer" und Tagesauswertung

„Ich packe meinen Koffer":

Bitte überlegt euch, was euch heute besonders beeindruckt hat, was ihr also von heute mit nach Hause nehmt. Dies kann eine neue Idee sein, etwas Wichtiges, das ihr gelernt habt oder auch eine schöne Situation.

Anregung: *Wer möchte für nächsten Termin eine CD als Hintergrundmusik für ein Spiel mitbringen?*

➜ 3 verschiedene Möglichkeiten der Auswertung sind hier aufgezeigt. „Ich packe meinen Koffer..." ist zeitaufwendiger für Sie, als das Ausfüllen der Auswertungsbögen oder das Eintragen der Wertungskreuze auf den Flipchart.

Koordinaten-Kreuz zur Seminar-Auswertung

Ziel: 10 min. Auswertung eines Seminars oder einer Schulungseinheit.
Feedback für sie als TrainerIn.

Vorteil: Objektivität und Anonymität.

Vorgehen: Sie zeichnen das Koordinatenkreuz auf einen Flipchart-Ständer oder auf die Wandzeitung außerhalb des Schulungsraumes.
Dann drehen sie den Ständer so um, dass die TeilnehmerInnen anonym ihre Wertung einzeichnen können.
Bitten Sie ihre TeilnehmerInnen nun, ihre Meinung zum Seminar-Tag bezüglich der Schulungsinhalte und ihrer persönlichen Stimmung wiederzugeben.

Beispiel: Inhalt   sehr gut—— 10
Stimmung sehr gut—— 10

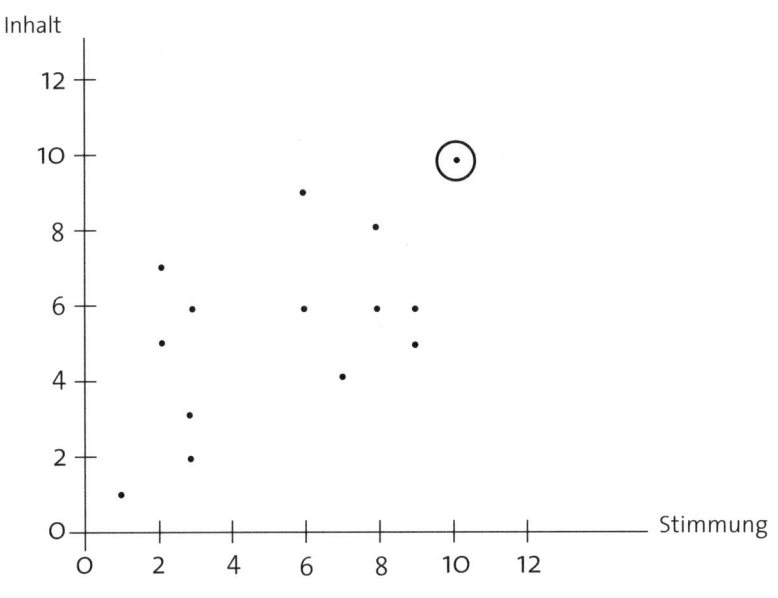

Punkte-Auswertungsbögen zum Ausfüllen

Ziel: 10 min Auswertung eines Seminars
Feedback für sie als TeilnehmerInnen

Vorteil: Objektivität und Anonymität

Vorgehen: Verteilen sie die Auswertungsblätter an die Teilnehmer mit der Bitte, Stimmung und fachlichen Eindruck wiederzugeben.

FEED-BACK

Stimmung   *Fachliches / Inhalt*

☺ super
1 ———
2 ———
3 ———

☺ super
1 ———
2 ———
3 ———

😐 neutral
4 ———
5 ———
6 ———

😐 neutral
4 ———
5 ———
6 ———

☹ mies
7 ———
8 ———
9 ———

☹ mies
7 ———
8 ———
9 ———

Mannheimer Institut für Mediation

© D. Hauk

Frage und Antwort

Frage: In welcher Beziehung zu anderen Konfliktlöseverfahren steht Mediation?

Antwort: Mediation ist nicht die einzig mögliche Reaktion auf Schülerkonflikte. Es kann durchaus Fälle geben, in denen es notwendig ist, dass Lehrer zerstrittenen Schülern klare Grenzen aufzeigen, evtl. auch angedeutete Sanktionen wahr machen.
Mediation unterscheidet sich auch dadurch, dass die Teilnahme freiwillig ist. Wenn streitende Schüler nicht wirklich über ihren Konflikt reden wollen, hilft Mediation nicht weiter.
Wichtig ist jedoch, dass mit Beginn der Mediation Straf-Verfahren ausgesetzt werden und dass die meisten Lehrerinnen und Schüler Mediation an der Schule akzeptieren (siehe Teil 3 Projektmanagement Lehrer/Elternbrief).

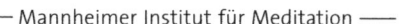

2. Trainingstag

Lektion 3:
Psychologische Grundlagen II *

Gefühle erkennen – Gefühle benennen

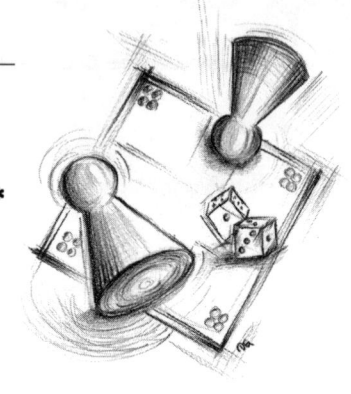

Zugang zur Welt der Gefühle und Erwerb von sprachlicher Differenziertheit beim Ausdrücken von Gefühlen

90 min

Warming up, Würfelspiel, Pantomime, Arbeitsblätter, Energizer, Impulsreferate, Gefühlsrad

1. Würfelspiel (Ausdruckskärtchen zum Kopieren und Ausschneiden) und 2 Würfel je Tisch
2. Pro Tisch ein Arbeitsbogen **Synonyme/Metaphern**, Stifte
Mehrere Tische für jeweils 4–6 Personen

Stuhlkreis in der vorderen Hälfte des Raumes, hinten Tische für 4 Personen jeweils

Warming up: Corso im Süden. (Kann auch ausgelassen werden)
Alle Schüler laufen im Raum herum und begrüßen sich auf 5 verschiedene Arten. Beispiel: Einer verbeugt sich vor dem anderen wie im Mittelalter / einer packt den anderen an der Nase / eine fragt die andere, was sie gefrühstückt hat.
Dazu die Musik-CD, die Schüler mitgebracht haben.

*auch als eigener Baustein im Rahmen von sozialem Lernen möglich

—— Mannheimer Institut für Mediation
© D. Hauk

Psychologische Grundlagen II — 51

Schritt 1: Sie geben den Lernimpuls zum Thema Gefühle in der Mediation.

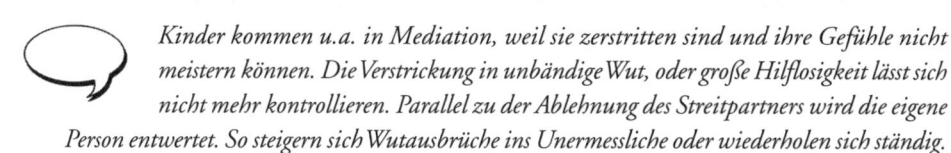

Kinder kommen u.a. in Mediation, weil sie zerstritten sind und ihre Gefühle nicht meistern können. Die Verstrickung in unbändige Wut, oder große Hilflosigkeit lässt sich nicht mehr kontrollieren. Parallel zu der Ablehnung des Streitpartners wird die eigene Person entwertet. So steigern sich Wutausbrüche ins Unermessliche oder wiederholen sich ständig. Wenn die Mediatorin die Empfindungen der Streitpartner begreift und in Worte fasst, spüren diese, dass sie ernst genommen werden. Beispiel: „Nachdem ich dir zugehört habe, kann ich verstehen, dass es dich enorm geärgert hat, falsch verdächtigt zu werden." „Ich habe gespürt, dass dich die Hänseleien deiner Mitschüler tief getroffen haben."

> Mediatoren haben die Aufgabe, den Streitparteien zu helfen, ihre Gefühle in Worte zu fassen. Das beruhigt, fördert die Verständigung und macht den Weg frei für sachliches Verhandeln.

Die Mediations-Teilnehmerinnen werden dadurch ruhiger und gewinnen mehr Kontrolle über sich und die Gefühle. Das folgende Spiel aus der Erwachsenenbildung soll euch helfen, die Sprache der Gefühle zu erlernen.

Schritt 2: Spielvorbereitung

Die Teilnehmer sitzen an mehreren Tischen in jeweils einem **Team von 4 – 6 Personen**. Auf jedem Tisch ist eine Spielvorlage (siehe nächste Seite) mit **zwei Würfeln** und **11 Ausdruckskärtchen** – ausgebreitet, mit dem **Bild nach unten** auf dem Tisch liegend. Zudem befindet sich dort der **Arbeitsbogen Synonyme/Metaphern**.

Schritt 3: Spielanleitung

Ziel des Spiels ist es, die leeren Felder auf dem **Arbeitsbogen Synonyme/Metaphern** auszufüllen.

Es wird der Reihe nach mit zwei Würfeln gewürfelt. Die entsprechende Karte wird gezogen und umgedreht. Danach diskutiert das Spiel-Team, welchem Feld die Karte zuzuordnen ist. Drückt das Gesicht z.B. Verliebtheit aus, wird die Karte auf das linke Feld neben dem Begriff

„verliebt" gelegt. Nun sucht das Team **drei** synonyme Begriffe für „verliebt" und trägt diese in das Feld **Synonyme** ein. Z. B. „verknallt", „sich verguckt haben". Danach wird eine passende **Metapher** gesucht und in das Feld Metapher eingetragen, z.B. „im 7. Himmel sein". Nun ist der nächste Spieler mit Würfeln an der Reihe.

Metaphern (korrekter Begriff „bildhafter Vergleich") lassen sich in verschiedenen Bereichen des Lebens suchen.

Als Landschafts-Vergleich: Er ist in einer Talsohle gelandet.

In der Tierwelt: Ängstlich wie ein Hase, mutig wie ein Löwe.

In der Literatur: Stark wie Obelix.

In der Musik: Er hört die Zwischentöne nicht.

Im körperlichen Bereich: Der Schreck ist ihm in die Glieder gefahren. Sie ist fit wie ein Turnschuh. Ihm sind die Hände gebunden.

In der Welt der Farben: Da hast du ja einen kunterbunten Tag erlebt.

Ausdruckskärtchen „Metaphern und Synonyme" (Bogen)

Fotos

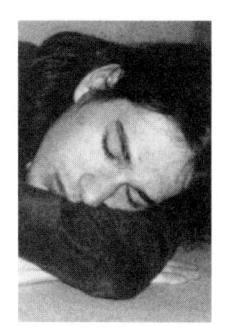

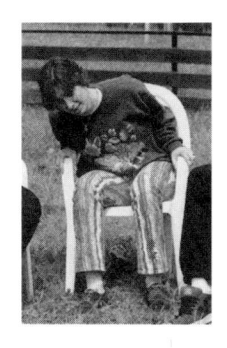

hasserfüllt
s. Beispiel

Psychologische Grundlagen 2

4	3	2	10
8	7	6	5
12	11		9

Mannheimer Institut für Mediation © D. Hauk

Psychologische Grundlagen II — 55

Bitte legt die Foto-Kärtchen in das passende Feld neben das entsprechende Gefühl und findet Synonyme und Metaphern dazu!

Foto	Gefühl	Synonym	Metapher
	hasserfüllt	zornig	Wut im Bauch
	ganz bei sich		
	verliebt		
	müde		

© D. Hauk

Mannheimer Institut für Mediation

	Foto	Gefühl	Synonym	Metapher
Bitte legt die Foto-Kärtchen in das passende Feld neben das entsprechende Gefühl und findet Synonyme und Metaphern dazu!		weltoffen		
		verschämt		
		verzweifelt		
		misstrauisch		

Psychologische Grundlagen II

	Foto	Gefühl	Synonym	Metapher
Bitte legt die Foto-Kärtchen in das passende Feld neben das entsprechende Gefühl und findet Synonyme und Metaphern dazu!		glücklich		
		enttäuscht		
		angeekelt		
		siegessicher		

Mannheimer Institut für Mediation

© D. Hauk

> **Schritt 4:** Sie lassen – je nach Zeitvorrat – drei bis sechs Ausdrücke pro Team vortragen und diskutieren, ob die gefundenen Begriffe zutreffend sind.

💬 *Bitte stellt der Gruppe die drei Beispiele vor, die euch am Besten gelungen sind. Erwähnt auch die Begriffe, bei denen ihr Schwierigkeiten hattet.*

> **Schritt 5:** Sie leiten die Pantomime an.

💬 *Bitte wählt nun drei der gefundenen Ausdrücke aus und gestaltet daraus eine Pantomime. Diese stellt ihr uns vor, und wir erraten die Bedeutung.*

➜ Alternativ zu dem Würfelspiel eignet sich die Übung **Gefühlsrad** zur Erarbeitung des Lernstoffs.

Sie teilen hierzu das Arbeitsblatt Gefühlsrad aus und geben folgende Erklärung dazu:

💬 *Wir können die Hauptgefühle, die in der Mediation auftauchen, in sechs Segmente oder Kuchenstücke einteilen.*
Freude, Liebe, Trauer, Wut, Angst, Abneigung.
Jede dieser Gefühlsstimmungen kann von den Mediationsteilnehmern unterschiedlich intensiv erlebt werden.

Die Spannbreite reicht von minimal bis extrem.
Beispiel: **etwas ärgerlich sein** (= minimal) bis zu **einen Mordshass empfinden** (= maximal). Diese Schattierungen oder Nuancen im Gefühlsleben eines Menschen zu erfassen ist nicht leicht. Es lohnt sich aber, sprachlich exakt zu formulieren, um Klarheit in die Kommunikation zu bringen.
Bitte schreibt in die einzelnen Felder Begriffe, auch Metaphern, die die verschiedenen Zwischentöne der aufgezeigten Gefühle erfassen – von schwach ausgeprägt in der Mitte bis sehr stark ausgeprägt außen.

> *Vor meiner Angst steht meine Wut – hinter meiner Angst steht meine Liebe.*

große PAUSE

— Mannheimer Institut für Mediation

© D. Hauk

Frage und Antwort

Frage: Was kann man tun, wenn kein Gefühl erkennbar ist?

Antwort: Sie können darüber sprechen, dass es auch das Nicht-Vorhandensein von Gefühlen gibt. Dieses Phänomen erlebt der Mensch, wenn er sehr erschüttert ist. Bei abrupter körperlicher Verletzung kann ein physisches Trauma entstehen. Der Körper reagiert zum Beispiel auf einen Unfall mit Schock. Im Schock spürt er den Schmerz nicht. Damit vergleichbar sind nicht verarbeitete seelische Erschütterungen. Der Mensch reagiert mit einer Art seelischem Schock und wird empfindungslos. Diese „Anästhesie" der Seele hat Schutzfunktion, um nicht von der Intensität der Empfindungen überflutet zu werden.

2. Trainingstag

Lektion 4
Psychologische Grundlagen III*

Lernziel
Sachinformation zur Eigendynamik von Konflikten
Nachvollziehen von „lauten" und außergewöhnlich heftigen Reaktionen der Konfliktpartner
Sensibilisierung für zwischenmenschliche Vorgänge

90 min

Rollenspiel/Film
Kleingruppenarbeit
Wahrnehmungsübung
Impulsreferate
Auswertung

2 Anleitungen zum Rollenspiel
Arbeitsblätter

Stuhlkreis, ohne Tische

> Feindbilder entwickeln sich da, wo der Kontakt zum anderen fehlt.

*auch als eigenes Modul im Rahmen von sozialen Lernen Konfliktdynamik

— Mannheimer Institut für Mediation —
© D. Hauk

Psychologische Grundlagen III — 61

Schritt 1: Sie geben den Lernimpuls zur Lektion „Konfliktdynamik" ein.

*Wir werden uns heute mit dem Thema Konflikt-Eskalationen befassen. Obwohl auf der Welt täglich gestritten und gekämpft wird, wissen wir wenig darüber, wie sich Kinder, Jugendliche und Erwachsene **fühlen**, wenn sie streiten und was sie sehen. Ihr wisst inzwischen, dass Menschen, die in einen Streit verwickelt sind, leicht in einen Gefühlsstrudel geraten, aus dem sie ohne fremde Hilfe nicht herauskommen. Wer diesen Mechanismus versteht, kann die Entwicklungen, die zu den Auseinandersetzungen geführt haben, besser nachvollziehen und verurteilt die Streitpartner nicht so schnell.*

Schritt 2: Mit dem Vorspann zur Mediation „Timo und Patrick auf dem Weg zum Sportplatz" führen Sie in die Thematik ein.

Drei Schüler spielen, nachdem sie von Ihnen angeleitet wurden, die Konfliktszene, die sich im Vorfeld der Mediation zwischen Timo und Patrick ereignet hat (oder Sie zeigen den Vorspann des Filmes „Timo und Patrick auf dem Weg zum Sportplatz.") Vor-Information an die Schüler:

Das hier ist Timo und dies ist Patrick. Ihr kennt die beiden schon aus der ersten Lektion. Seht euch bitte noch einmal die Szene an, die sich auf dem Weg zum Sportplatz ereignet hatte. Stellt euch vor, es ist die Spitze des Eisberges, also eine Szene aus der Konfliktgeschichte, die schon längere Zeit zurück reicht. Lasst euch dabei die folgenden Fragen durch den Kopf gehen.

Jeder Schüler bekommt einen Zettel mit folgenden Fragen:

- Was ist im Vorfeld zwischen Patrick und Timo geschehen?
- Wo haben Timo und Patrick Verbündete gefunden?
- Was könnte von den beiden als Gesichtsverlust erlebt worden sein?
- Wie hätte die Szene schlimmstenfalls ohne Mediation ausgehen können?

Mannheimer Institut für Mediation

© D. Hauk

> **Schritt 3: Sie lassen die Schülerinnen die Fragen in Kleingruppen bearbeiten und sammeln die Ergebnisse auf Wandzeitung.**

Tipps & Tricks

Es gibt bei Fantasie-Übungen kein richtig oder falsch. Warum?
Wenn Sie alle Ergebnisse gelten lassen und die Schüler für die Kraft ihrer Phantasie loben, haben Sie zukünftig gute Kooperationspartner!

> **Schritt 4: Sie geben Basisinformation zur Dynamik von Konflikten.**

Wissenschaftler (8) haben festgestellt, dass Menschen immer wiederkehrende, typische Reaktionen zeigen, wenn sie in einen Konflikt verstrickt sind. Fast automatisch ist ihr Verhalten gleich. Sie provozieren, sie fügen sich Gesichtsverluste zu, sie suchen sich Verbündete und sie überschreiten mitunter Grenzen in der Ausübung von Gewalt. Dieser Automatismus tritt bei Kindern, Jugendlichen und Erwachsenen, Eheleuten und Politikern gleichermaßen ein. Mit zunehmender Verschärfung des Konfliktes wird auch der andere nicht mehr als empfindlicher Mensch wahrgenommen. Er wird eher zur Zielscheibe oder Pappfigur, auf die man getrost schießen kann. Als hätte er keine Seele oder keine Gefühle.(10)

Wir können uns diese Verschärfung der Szenen stufenweise vorstellen. Von fünf Stufen, die aufeinander folgen, hat jede Stufe einen eigenen Charakter, eigene Merkmale und eigene Inhalte. Während zu Beginn noch geschimpft und gehänselt wird, verschärfen sich die Provokationen und Reaktionen mit der Zeit, und die Beziehungen der Streitenden verschlechtern sich von Tag zu Tag oder von Woche zu Woche. In jeder Phase des Konfliktes wird mit neuen, schärferen „Waffen" gekämpft als in der vorangegangenen Phase. Einzelne sogenannte „issues", also Auslöser kicken das Betreten der nächsten Stufe an und lassen die Streitenden mit schärferen Waffen kämpfen. Wir wollen in dieser Lektion die „Waffen" näher ansehen.

Arbeitsblatt mit Rückseite (nächste Seite)

Die Dynamik von Konflikten

1. Stufe: PROVOKATION
Zu Beginn steht oft eine Provokation, die nicht besprochen und geklärt wird.
Am Beispiel von Timos und Patricks Geschichte stellt sich in der Mediation heraus, dass Patrick seinen Klassenkameraden Timo im Unterricht abwertend anschaut und ihn damit provoziert. Timo weiß sich in dieser Situation nicht zu wehren. Wer weiß, vielleicht bildet sich Timo den Blick auch nur ein? Timo droht Patrick daraufhin mit Prügel.

2. Stufe: GESICHTSVERLUST
Patrick tritt Timo heimlich im Sportunterricht ans Schienbein. Timo bekommt dafür Ärger mit seinem Sportlehrer.

3. Stufe: SUCHE NACH VERBÜNDETEN
Nun sucht sich Timo Verbündete in seiner Clique, da er sich mit Worten nicht wehren kann. Patrick sucht sich ebenfalls Verbündete. Er wendet sich an die Erwachsenenwelt. Er schaltet seine Eltern ein und beschwert sich beim Schulleiter. Offensichtlich ist dies nicht das erste Mal.

4. Stufe: EINSATZ VON KÖRPERLICHER GEWALT ODER SACHGEWALT
Timo beginnt, Patrick zu piesacken und zu boxen. Patrick dagegen hatte Timo im Sportunterricht getreten.

5. Stufe: ZERSTÖRUNG DES ANDERN ZUM PREIS DER SELBSTZERSTÖRUNG
Timo riskiert seinen Schulausschluss, um sich an Patrick zu rächen. Patrick riskiert mit dem Gang zum Schulleiter Prügel.

STUFEN der Eskalationsdynamik

I PROVOKATION

II GESICHTSVERLUST

III SUCHE NACH VERBÜNDETEN

IV EINSATZ VON KÖRPERLICHER GEWALT ODER SACHGEWALT

V ZERSTÖRUNG DES ANDERN ZUM PREIS DER SELBSTZERSTÖRUNG

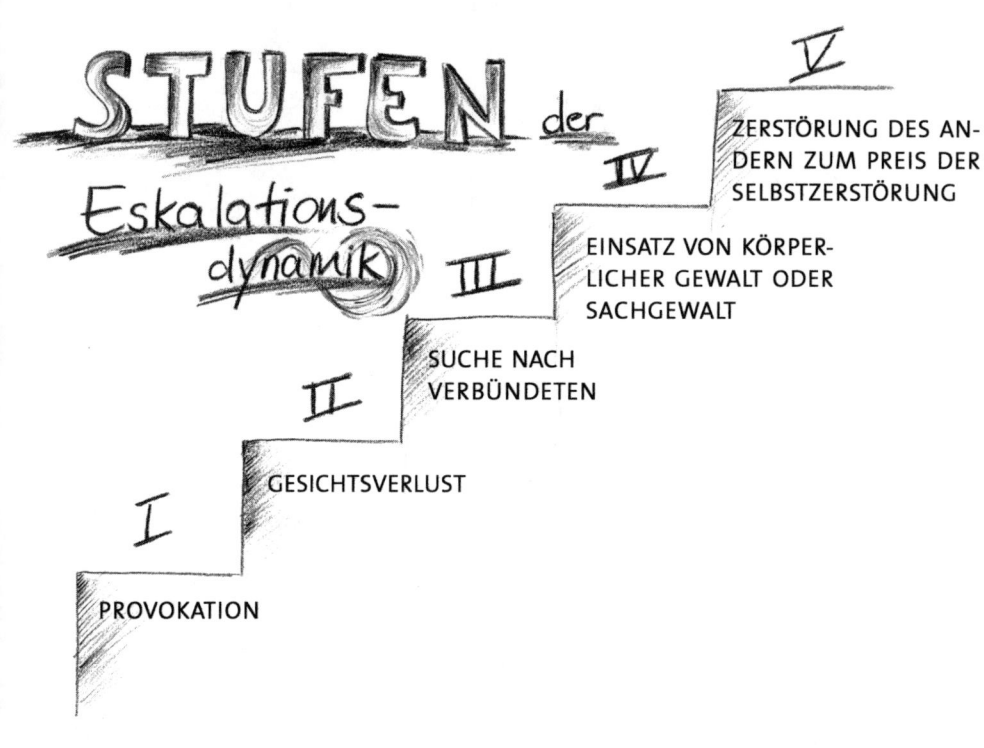

Mannheimer Institut für Mediation

© D. Hauk

Psychologische Grundlagen III

Schritt 5: Sie lassen die Schüler im Rundgespräch Ereignisse aus dem schulischen oder privaten Leben suchen, die zu den verschiedenen Eskalations-Stufen passen.

Schritt 6: Sie überlegen mit den Schülern gemeinsam, wie man Eskalationen stoppen könnte.

Vielleicht fallen Ihnen oder den Schülern Beispiele aus dem politischen Bereich ein. Wie Bürgerkriege eskalieren, wie Gesichtsverluste zugefügt werden, wie Rachepläne geschmiedet werden, wie Verbündete gesucht werden, wie in Friedensverhandlungen auf politischer Ebene deeskaliert wird.

kleine PAUSE

Schritt 7: Übung zur Team-Entwicklung

Formationen bilden
Die Teilnehmerinnen bilden stehend einen Kreis und fassen sich an den Händen. Sie benennen Figuren, die von den Schülern, die sich weiter an den Händen halten, gebildet werden. Es darf dabei nicht gesprochen werden!
Beispiele: Kreis, Quadrat, Stern, Kreuz, Schlange, Zahlen z.B. acht, sieben, Strich, X, Haus u.a.

Schritt 8: Sie stellen die Übung Haus – Baum – Hund vor.

Hierzu verteilen Sie Arbeitsanweisungen als Arbeitsblätter (nächste Seite).

Schritt 9: Abschlußrunde des Tages mit Auswertung

(im Kreisgespräch oder als Wandzeitung, je nach Zeit).
„Was mir heute besonders gut gefallen hat und was ich mir anders gewünscht hätte."

Übung zur Wahrnehmung von kooperativen Prozessen mit den Themen:
1. Anpassung versus Selbstbehauptung
2. Sturheit versus Kompromissfähigkeit
3. Passivität versus Aktivität
4. Überanpassung versus Mut
5. Blockade versus Kreativität

Anleitung

Bitte bildet Zweiergruppen. Sucht euch dafür eine Partnerin aus, die anders ist als ihr, mit der ihr weniger Gemeinsamkeiten verspürt als mit anderen.

Setzt euch zusammen an einen Tisch. Von nun an sprecht ihr bitte nicht mehr. Nehmt euch ohne miteinander zu reden einen gemeinsamen Stift und ein Blatt Papier. Beginnt dann bitte Folgendes zu zeichnen:
Zuerst ein Haus, dann einen Baum und einen Hund. In dieser Reihenfolge.

Das Besondere an diesem Spiel: Ihr benutzt gemeinsam **einen Stift**, wobei jeder den Stift mit einer Hand hält.

Auswertungsfragen

→ An welcher Stelle dieses Gemeinschaftsbildes ist deine Handschrift oder persönliche Note zu erkennen? Welcher Teil stammt erkennbar von dir?
→ Wo habt ihr gut kooperiert?
→ Wo habt ihr „gestritten"?
→ Was ist dir leichter gefallen, dich anzupassen oder dich durchzusetzen?
→ Welche Mittel hast du benutzt, um dich zu behaupten?
→ Welchen Titel würdet ihr eurem Kunstwerk verleihen?

Frage und Antwort

Frage: Werden in der Mediation auch Konflikte besprochen, die schon längere Zeit zurückliegen?

Antwort: Eindeutig Ja. Es kann gerade in der Schülermediation vorkommen, dass ein Streit eine längere Geschichte hat. Fünft-Klässler beispielsweise erzählen uns in der Mediation von konfliktverschärfenden Ereignissen (issues), die bis in die Grundschulzeit hineinreichen. Meist wird der Konflikt allerdings nur an einer Situation festgemacht. Wenn diese besprochen ist, kann der Weg frei sein für Verhandlungen über einen Ausgleich o.a.

Frage: Wo ist der Unterschied zur Therapie?

Antwort: Mediation hat das klare Ziel, die Streitpartner verhandlungsfähig und die Streitthemen verhandelbar zu machen.
Vergangene, konfliktreiche Situationen werden diesem Ziel untergeordnet.

Frage: Können auf jeder Stufe der Konflikt-Dynamik Mediationen durchgeführt werden?

Antwort: Im Prinzip JA, sofern die Voraussetzungen gegeben sind. Die Teilnehmer müssen aus sich heraus motiviert sein, um zu kooperieren. Manche Mediatoren sprechen bei extremen Konflikten mit beiden Seiten getrennt. Hierbei ist zu beachten, dass alles Besprochene möglichst transparent bleibt.

3. Trainingstag

Lektion 5
Basistechniken
der Verhandlungsführung

Basistechniken „Spiegeln", pendeln, zusammenfassen, normalisieren, Negatives „wegfiltern", kennenlernen und einüben.

90 min

Warming up
Impulsreferat
Skulptur als Bewegungsspiegeln
Arbeitsbögen
Rollenspiel

Übungsbögen der Lektion

Raum zweigeteilt, Vordere Raumhälfte mit Stuhlkreis oder Tische im Karree, hintere Raumhälfte als freier Raum mit genügend Bodenfläche, um sich zu bewegen.

Warming up: Corso mit Musik (ca. 10 min)

Wie bisher begebt ihr euch auf den Corso, ihr erzählt einem Gesprächspartner, was euch begeistert. Dies kann ein Film sein, eine Musikgruppe, ein bestimmtes Essen, ein Sport u.a.. Danach werden die Rollen getauscht, der zweite Gesprächspartner erzählt von etwas, das ihn sehr begeistert. Ihr verabschiedet euch und beginnt das gleiche Gespräch mit einer neuen Person.

— Mannheimer Institut für Mediation

© D. Hauk

— Basistechniken der Verhandlungsführung ——————————— 69 —

Schritt 1: Sie geben den Lernimpuls zur Technik Spiegeln in der Mediation.

Streitende Menschen reden aneinander vorbei. Sie sind nicht in der Lage, sich so zu unterhalten, dass einer den anderen versteht. Beide sammeln Argumente, um sich zu verteidigen oder den andern anzugreifen. Sie denken also nach und „bewaffnen" sich anstatt zuzuhören. Mediatoren stellen sich als Zuhörer und Sprecher für beide Seiten zur Verfügung, damit jede Seite die andere im ersten Schritt besser hört und im zweiten Schritt besser versteht.

Schritt 2: Sie stellen die Vorübung Körperspiegel dar.

Damit es uns besser gelingt, die Streitparteien zu verstehen, haben wir sogenannte Mediationstechniken zur Verfügung. Die wichtigste dieser Techniken ist das „Spiegeln" oder auch „aktiv zuhören". Beides bedeutet dasselbe. Ich möchte euch nun eine Vorübung zum Spiegeln erklären.

Anleitung:
Die Teilnehmer stellen sich paarweise auf. Sie benötigen so viel Platz im Raum, dass sie sich mit ausgestreckten Armen im Kreis drehen können, ohne ein anderes Paar zu berühren.

Ihr seid jeweils A und B. A stellt sich etwa 40 cm gegenüber von B auf. B beginnt nun, sich langsam zu bewegen und schaut A dabei an.
A bewegt sich wie ein Spiegelbild mit. Optimal ist die Übung, wenn ein Betrachter nicht erkennen kann, wer A und wer B ist, also wer sich zuerst bewegt, weil die Bewegungen synchron sind.
Benutzt den ganzen Raum. Ihr könnt in die Knie gehen, auf Zehenspitzen laufen, über Stühle steigen und auch rückwärts gehen. Achtet bei dieser Übung darauf, dass euer Partner im Tempo mitkommt.
Dazu Musik, z. B.: Sinead O'Connor, 2. Song Fire on Babylon

© D. Hauk — Mannheimer Institut für Mediation —

Schritt 3: Sie geben den Lernimpuls zum Thema Technik des Spiegelns.

Die Mediations-Technik Spiegeln

Der Begriff „Spiegeln" zeigt auf, dass das, was ein Streitender äußert, sinngemäß wiederholt wird. Wie ein Spiegel visuell das wiedergibt, was zu sehen ist, geben die Mediatoren akustisch das wieder, was sie gehört haben und wie sie es verstanden haben.

Dabei gibt es drei Möglichkeiten.
a) Gefühle spiegeln
b) Inhalt spiegeln
c) Inhalt und Gefühle spiegeln

Zu a) Der Mediator spiegelt die Gefühle, die er hört, spürt oder sieht, indem er sie in Worte fasst.
Drei Dinge helfen den Mediatoren beim Entschlüsseln der Gefühle:

1. Sie achten auf die Stimme und können dies auch ausdrücken:
„Du klingst sehr müde, ist das so?"

2. Sie achten auf den Inhalt:
„Ich habe dich so verstanden, dass dich die ganze Sache sehr traurig macht, habe ich da Recht?"

3. Sie nutzen die Mimik, die Gestik und die Körperhaltung der Erzählenden als Schlüssel zu den Gefühlen:
(Mediator sieht geballte Fäuste und hört die Wut in der Stimme): „Ich sehe, dass du zornig bist und kann das gut verstehen."

Beispiel 1
„Mir reicht es jetzt hier. Ich verschwinde gleich."
Mediatorin: *„Du hast genug, nicht wahr?"*

Beispiel 2
„Sabrina ist nicht ganz klar im Kopf. Holt sich meine Cola und trinkt sie leer. Wenn sie das noch einmal macht, kann sie etwas erleben."
Mediator: *„Fühlst du dich ausgebeutet? Ist es das, was dich so ärgert?"*

Zu b) Die Mediatorin spiegelt den Inhalt.
Die Mediatorin wiederholt den Inhalt. Sie benutzt dabei ihre eigenen Worte, ohne allerdings etwas hinzuzufügen oder etwas Wesentliches wegzulassen.

Beispiel 1
Schülerin (mit ärgerlicher Stimme): *„Mir glaubt sowieso keiner, wenn ich erzähle, was da vorher los war."*
Mediator: *„Meinst du, dass die anderen dir nicht abnehmen, was du erzählst?"*

Beispiel 2
Schüler: *„Was kann ich dafür, wenn sie gleich losheult bei jeder Kleinigkeit?"*
Mediatorin: *„Du meinst, du bist nicht daran schuld, wenn sie schnell traurig ist?"*

Zu c) Die Mediatoren spiegeln beides: Inhalt und Gefühl

Beispiel 1
Schüler: *„Wegen ihr muss ich auf das Landheim verzichten. Die anderen machen es sich lustig, und ich kann in so einer dämlichen Klasse zu Hause hocken. Das ist ja nicht zu fassen. Dabei hat sie angefangen."*
Mediator: *„Du meinst, das Landheim-Verbot trifft dich härter als alles andere, weil die anderen sich in der Zeit miteinander vergnügen. Deshalb hat es dir jetzt die Sprache verschlagen und du bist echt wütend. Ist das so?"*

Beispiel 2:
Schüler A: *„Ich finde, dass du wie ein nasser Sack am Barren hängst. Du könntest dich ruhig mal etwas anstrengen."*
Schüler B (mit *stolzer* Stimme): *„Ich bin eben unsportlich. Dafür kann ich sehr gut Bogen schießen."*
Mediatorin: *„Ich versteh' dich so, dass du anderer Meinung bist als Andreas. Du weißt, dass jeder seine Stärken hat und deine liegt eindeutig im Bogenschießen und nicht im Sport, ist es so?"*

Zusammenfassung:
Am Anfang der Mediation spiegeln wir eher den Inhalt, um zu sehen, ob wir die Situation gut erkannt haben.
Später, wenn die Mediatorin auf die Geschichten der streitenden Schüler näher eingeht, ist es sinnvoll, die Gefühle zu spiegeln, mit oder ohne Inhalt, je nach eigenem Empfinden.

Arbeitsblatt für Teilnehmer

Verhandlungstechnik Spiegeln

A. Gefühle spiegeln

B. Inhalt spiegeln

C. Inhalt und Gefühle spiegeln

SPIEGELN = Wiedergeben von Inhalt Gefühl ⟨ Inhalt / Gefühl

Sinngemäß, mit eigenen Worten

Basistechniken der Verhandlungsführung — 73

> **Schritt 4: Sie fragen die Schüler nach den Vorteilen des Spiegelns und ergänzen, was nicht genannt wurde.**

Zur Ergänzung:
Die Technik des Spiegelns hat drei Vorteile:
- Erstens können sich die Mediatorinnen vergewissern, ob sie die Streitenden richtig verstanden haben.
- Zweitens fühlen sich die Streitenden ernst genommen mit ihren Empfindungen.
- Drittens hören beide Streitpartner besser zu, wenn Mediatoren mit ihren eigenen Worten und ohne „Gift" wiedergeben, was einer von ihnen gesagt hat. Streithähne hören eher auf Mediatoren als auf den Gegner, mit dem sie zerstritten sind, weil diese ruhig und ohne Ablehnung sind.

> **Schritt 5: Sie lesen die Beispiele für Spiegeln vor und lassen die Arbeitsblätter ausfüllen.**

(Die Schülerinnen können sich untereinander korrigieren, wenn sie die ausgefüllten Blätter austauschen lassen.)

SPIEGELN heißt, tausend Meter in den Fußstapfen des anderen zu gehen oder die Welt für einen Moment mit den Augen des anderen zu betrachten.

Beispiele für aktives Zuhören oder SPIEGELN (zum Vorlesen)
(Quelle: Jugendbuch „Der Klassendieb" von Christian Waluszek)

Beispiel 1
„...Es gibt nämlich einen großen Unterschied, ob ich von Fakten ausgehe oder ob ich irgendwo irgend etwas gehört habe!"
Spiegeln (Inhalt): *„Du meinst, feststehende Tatsachen sind etwas anderes als aufgeschnappte Ideen?"*

© D. Hauk   Mannheimer Institut für Mediation

Beispiel 2

"Ach, Malte, Malte! Und du immer mit deinen obervernünftigen Sprüchen. Mich kotzt das langsam echt an!"

Spiegeln (Gefühl): *"Du hast die Nase voll von Malte. Dir dreht sich fast der Magen um?"*

Beispiel 3

"...Malte kann machen, was er will. Prügeln, klauen, was weiß ich noch alles. Und immer wird er entschuldigt..."

Spiegeln (Inhalt und Gefühl): *"Es scheint dir wohl, dass Malte so eine Art Freibon hat für sein Verhalten. Das kannst du nicht verstehen und bist auch sauer deswegen. Ist es so?"*

Beispiel 4

"...Aber als es um mich ging, da war selbstverständlich sofort alles klar. Ich habe natürlich den Füller geklaut, und wegen mir fühlen sich alle ständig gezwungen, neue Markenklamotten zu kaufen. Und, und, und. Aber was rede ich hier noch – ihr könnt mich mal... Alle!"

Spiegeln (Inhalt und Gefühl): *"Lass mich sehen, ob ich dich verstehe. Ist es so, dass du denkst, hier wird mit zweierlei Maß gemessen? Dass du anders beurteilt und behandelt wirst als Malte? Und das willst du einfach nicht weiter erleben, deshalb gehst du lieber?"*

Schritt 6: Sie erläutern die Übung „Meinst Du, dass..."

Teilnehmerin A und Teilnehmer B bilden jeweils ein Paar. Person A schildert Person B ein kleines Problem. Person B spiegelt das, was Person A gesagt hat, sinngemäß und in eigenen Worten. Es kann der Inhalt alleine gespiegelt werden, es kann das Gefühl gespiegelt werden oder auch beides, Inhalt und Gefühl. Teilnehmerin B leitet das Spiegeln ein mit: „Meinst du, dass...". A bejaht, wenn A sich verstanden fühlte. Danach kann A weitersprechen. Nach ca. 10 min. wechseln die Rollen.

Wenn A sich nicht verstanden fühlte, wiederholt A das Gesagte, damit B einen 2. Versuch starten kann.

Schritt 7: Auswertung

Lassen Sie die Übung zuerst in Zweier-Gruppen auswerten.

„Was hat das Zuhören und Spiegeln erleichtert, was hat es erschwert?" (z.B. zu langes Sprechen, siehe Tipps und Tricks). Schließen Sie danach einen Austausch im Plenum an.

Arbeitsblatt für Teilnehmer

Satzanfänge beim Spiegeln:

- „Meinst du, dass ..."
- „Hab ich dich so richtig verstanden. Du ..."
- „Du wirkst echt aufgebracht ..."
- „Ich könnte mir vorstellen, dass Du ..."
- „Lass mal sehen, ob ich dich richtig verstanden habe ..."
- „Bei mir kommt an, dass du dich sehr geärgert hast ..."
- „Ich glaube, dass du deshalb arg gekränkt bist ..."
- „Könnte es sein, dass ...?"
- „Du glaubst vielleicht, dass ..."
- „Du denkst, dass ..."

Arbeitsblatt zur Übung der Technik SPIEGELN (zum Ausfüllen)

Bitte versucht, abwechselnd Inhalt und/oder Gefühl der folgenden Gesprächsausschnitte in Worte zu fassen. Achtet darauf, dass ihr euren Text als Frage formuliert. Ihr könnt euch das Arbeitsblatt Satzanfänge beim Spiegeln zu Hilfe nehmen.

1
Schülerin: „Wenn sie noch einmal Fiesling zu mir sagen, können sie etwas erleben!"
Mediatorin: _____

2
Schüler: „Ich trau mich nicht, hier zu erzählen, was auf dem Heimweg los war. Die passen mich ab."
Mediatorin: _____

3
Schüler A: „Das gehört überhaupt nicht hierher in die Mediation!"
Mediatorin: _____

4
Schüler B: „Für mich war diese Sache aber **sehr** schlimm. Deshalb will ich hier darüber reden. Das muss sein!"
Mediatorin: _____

5
Schüler (mit ängstlicher Stimme): „Die Hauptschüler hatten mich erpresst. Wenn ich weitererzähle, dass einer geklaut hat, dann..."
Mediatorin: _____

6
Schülerin (mit bitterer Stimme): „Warum sind die immer so gemein zu mir?"
Mediatorin: _____

7
Schüler: „Bei ihm hat der Herr Sachuz sowieso schon 4x Fehler übersehen. Da geschieht es ihm ganz Recht, dass er einen Kratzer abbekommen hat.
Mediatorin: _____

8
Schüler: „Es ist nicht mein Problem, wenn Adrian zu Hause Ärger bekommt, weil er meinen Zirkel verbogen hat. I c h brauche einen neuen Zirkel. Und das schnell."
Mediatorin: _____

Mannheimer Institut für Mediation

© D. Hauk

Arbeitsblatt für Schüler

1. Beim Spiegeln wird nichts dazu erfunden. Die Mediatorin beschränkt sich auf das, was gesagt wurde.

2. Der Mediator versucht, seine eigenen Worte zu benutzen, nicht die Worte des Streitenden. Das Spiegeln wird sonst zum „papageienartigen Nachplappern."

3. Das Negative, die giftigen Zwischenbemerkungen, filtert die Mediatorin raus.
Schimpfworte werden z. B. nicht wiederholt. Sie werden einfach weggelassen. Es geht in der Mediation nicht um Vorwürfe. Die Gefühle der Mediationsteilnehmer und das, was sie erlebt haben sind wichtig.
Beispiel: „Die spinnt, nimmt mir einfach die Cola weg."
Mediatorin: „Du bist ärgerlich, weil deine Cola weg war?"

4. Das Spiegeln wird meist in eine Frage gekleidet. Damit zeigt man den Streitenden, dass man versucht, sie zu verstehen. „Meinst du, dass ...?" „Du bist sicherlich verwirrt ...?" Oder der Mediator zeigt sein Verständnis direkt. „Ich kann verstehen, dass ..."
Wenn die Mediatorin einen Mediationsteilnehmer einmal nicht richtig verstanden hat, wiederholt sie seine Äußerungen noch einmal. Er spürt ihr Bemühen um Verständnis.

5. Mediationsteilnehmer sind oft dadurch verwirrt, dass sie mehrere Gefühle zur gleichen Zeit zu haben. Der Mediator spricht an, dass dieses Phänomen ganz normal ist. Man kann durchaus zur gleichen Zeit wütend sein und trotzdem freundliche Gefühle für die selbe Person haben.

6. Es werden keine vermuteten Gefühle angesprochen, sondern nur die, die man gut hört oder sieht.

© D. Hauk

Frage und Antwort

Frage: Was kann man tun, wenn eine Seite zu lange redet?
Antwort: Man unterbricht die sprechende Person und sagt ihr, dass man erst einmal versuchen will, sie zu verstehen.

„Moment mal, eben kann ich dir nicht mehr folgen. Lass mich erst versuchen, ob ich Dich verstanden habe. Hast du gemeint, dass..."

Frage: Was kann man tun, wenn eine Seite viel mehr spricht, als die andere?
Antwort: Am Besten macht man eine Gegenbewegung. Bei Vielrednern fasst man sich sehr kurz, bei eher ruhigen, wortkargen Menschen spiegelt man sehr ausführlich.

Schüler: „Er nimmt mir dauernd die Sachen weg."
Mediator: „Du erlebst es wohl schon länger so, dass der Rüdiger dir etwas wegnimmt. Es geschieht immer wieder und das ärgert dich. Ja?"

Frage: Hat SPIEGELN auch dann einen Sinn, wenn die Streitenden sehr aufgebracht und laut sind?
Antwort: In diesem Fall ist es besser, anders zu reagieren. Weil durch das Spiegeln evtl. die Emotionen verstärkt werden (siehe Kapitel kritische Situationen).

Basistechniken der Verhandlungsführung — 79

Schritt 8: Sie geben den Lernimpuls zur Technik „Zusammenfassung".

Nach längeren Gesprächsabschnitten fassen wir das Gesagte zusammen. Wir zeigen Gemeinsamkeiten und Unterschiede auf. Am Besten ist es, wenn die gemeinsamen Gefühle genannt werden: „Ihr seid beide enttäuscht." Zudem loben wir die Mediationsteilnehmer für ihre Offenheit. Es ist nicht leicht, sich zu öffnen und seine Gefühle preiszugeben, wenn man im Zorn ist und enttäuscht oder gekränkt wurde.

Gesprächsbeispiel 1:
Zwei Schülerinnen, Ayten und Sabrina, hatten eine Rauferei. Der Anlass: Sabrina bediente sich häufig, ohne zu fragen, aus Aytens Cola-Flasche.

Die Mediation

M: Ayten, erzähle mir, was aus deiner Sicht los war. Sabrina, dich frage ich dann gleich.

A: Sabrina hat'n Knall. Holt sich meine Cola und säuft sie leer. Wenn sie das noch einmal macht, fliegt sie nach Bagdad.

M: Sabrina hat von deiner Cola getrunken, ohne dass du das wolltest. Ja?

A: Genau, das nächste Mal kriegt sie so eins in die Fresse, dass sie Sternchen sieht. Dann rafft sie vielleicht endlich, was geht und was nicht geht.

M: Du bist echt wütend auf Sabrina. Und das soll auf jeden Fall nicht noch mal vorkommen!

M: Sabrina, wie sieht es aus deiner Sicht aus?

S: Was geht'n hier ab? Ayten leiht sich seit Wochen mein Lineal, den Radiergummi, sogar meine Stifte. Ganz normal. Und jetzt dieser Aufstand wegen ein paar Schluck Cola oder Wasser.

M: Für dich sieht es anders aus. Ihr gebt euch beide, was ihr braucht. Und seid quitt.

S: Ja.

M: Ich will jetzt zusammenfassen, was ich von euch gehört habe. Du Ayten möchtest nicht, dass Sabrina aus deiner Flasche trinkt und du Sabrina verstehst das nicht, weil du an Ayten Schulsachen ausleihst. Ihr seid beide sehr verärgert.

Kleine PAUSE

Beim Zusammenfassen kann man sowohl den Inhalt auf einen gemeinsamen Nenner bringen, als auch die übereinstimmenden Gefühle der Streitenden in Worte fassen.

„Ihr seid zwar verschiedener Meinung, aber eines habt ihr auch gemeinsam: Ihr fühlt euch beide im Recht. Und ich habe auch den Eindruck, dass ihr beide sehr gekränkt seid."
Dies zeigt den Streitenden, dass sie trotz erbitterter Feindschaft teilweise in ihren Gefühlen übereinstimmen. Ein erster Schritt zur Annäherung!

© D. Hauk — Mannheimer Institut für Mediation

Schritt 9: Sie geben den Lernimpuls zur Technik Pendeln.

Die Dinge müssen in der Mediation 2x gesagt, um 1x gehört zu werden.
Um eine Brücke zwischen den Streitpartnern zu bauen, kann man die Technik des Pendelns verwenden. Der Mediator wiederholt beim Pendeln die Äußerungen von Mediations-Teilnehmerin A gegenüber der anderen Seite. Hierbei wendet er sich mit Körper und Blickkontakt Mediations-Teilnehmerin B zu. Negative Bemerkungen oder Untertöne werden heraus gefiltert.
Durch das Pendeln zwischen den Streitpartnern wird das Dreieck verstärkt, welches den Mediator in die Rolle eines Dolmetschers bringt.
Es sind dabei zwei Dinge wirksam:
1. Durch die Wiederholung fühlt sich die Sprecherin ernst genommen. Bei der sinngemäßen Wiederholung werden auch ihre Gefühle ausgesprochen und akzeptiert.
2. Durch das „Pendeln" in die Richtung des einen Streitpartners und das Weglassen der Vorwürfe kann auch der andere dessen Bemerkungen ohne Groll nachvollziehen. Beide werden in die Lage versetzt, sich für den anderen zu interessieren, statt ihn zu bekämpfen. Das Mediationsgespräch kann nun in den nächsten Schritt der Verhandlung übergehen.

Gesprächsbeispiel für die Pendel-Technik

T: „Der Patrick braucht gar nicht so zu tun. Es ist keine Woche her, da hat er nämlich angefangen. Beim Fußball im Sportunterricht hat er mir so kräftig eine reingetreten, dass es eklig weh tat. Und das war Absicht. Nur, da hat keiner etwas gesagt. Da hieß es: „Der liebe kleine Patrick kann nichts dafür", weil so etwas im Sport häufig vorkommt. Falscher Hund. Mich erwischt es immer gleich und ich bin immer gleich schuld."

M (pendelt): „Timo, ich will versuchen, dies dem Patrick zu erklären, okay? Patrick. Hör zu. Für Timo sieht es so aus, dass er sich sehr ungerecht behandelt fühlt. Und zwar von allen. Von dir, wenn du ihn während des Sportunterrichts trittst genauso wie von den Lehrern und vom Schulleiter, wenn sie ihn bestrafen. Deshalb sieht Timo keine andere Chance, als sich auf dem Heimweg mit Hilfe von andern aus seiner Clique zu wehren."

Schritt 10: Sie geben den Lernimpuls zur Technik Normalisieren.

Normalisieren hilft den Streitenden, sich zu schützen vor Gesichtsverlust. Die Technik „Normalisieren" verwenden wir
• wenn Scham im Spiel ist,

- *wenn etwas peinlich scheint,*
- *wenn ein Kind/Jugendlicher das Gefühl hat, nur er habe solche Gefühle.*

Indem wir aufzeigen, dass es andern auch so geht, oder auch dass wir dies selbst schon erlebt haben, nehmen wir die Scham.
Und damit kann die Verhandlung auf sachlicher Ebene weitergehen.

M: „Es ist normal, dass sich ein Mensch zurückzieht, wenn er dauernd geärgert wird und noch nicht herausgefunden hat, wie er sich wehren könnte. In diesem Fall schützt der Rückzug. Nicht wahr? Und es ist auch normal, dass man wütend wird, wenn man etwas nicht ertragen kann."

> **Schritt 11:** Sie leiten ein Rollenspiel zu den gelernten Techniken an und geben den Schülern das nachfolgende Arbeitsblatt zur Auswertung in Kleingruppen mit.

Bitte bildet Dreier-Gruppen mit einer Person A, einer Person B und einem Mediator. A und B sind Freunde (zwei Jungs oder zwei Mädchen, beide 15 Jahre alt) die miteinander in den Urlaub fahren wollen. Sie streiten, ob sie auf Campingplätzen oder in der Jugendherberge übernachten sollen. (Arbeitsblatt zur Auswertung der Rollenspiele in Teil 3 des Buches „Projektmanagment")

ROLLENSPIEL

Rollenspielanweisung für die Rolle der Mediatorin

Du schlüpfst nun in die Rolle einer Mediatorin oder eines Mediators. Versuche in dieser Rolle – rhythmisch abwechselnd – mit beiden Streitenden zu sprechen. Spiegle abwechselnd A und dann B, so dass jeder einmal gespiegelt wird, bevor der nächste sprechen darf. Du spiegelst dabei solange, bis sich der andere verstanden fühlt. Zwischendurch kannst du auch versuchen, zu pendeln und zu normalisieren. Es ist das Beste, wenn du möglichst nicht länger als 2 Minuten auf einer Seite verweilst.

ROLLENSPIEL

Rollenspielanweisung für die Rolle des Streitenden A

Du streitest mit deinem Freund darüber, ob ihr im Urlaub zeltet oder in der Jugendherberge übernachtet. Du vertrittst vehement die Meinung, dass ihr im Zelt übernachten solltet, weil man da kommen und gehen kann, wann man will.

Vertrete diese Position möglichst solange, bis du tatsächlich von der anderen Seite überzeugt wirst. Du musst nicht unbedingt von deiner Meinung abrücken. Es reicht schon, wenn du gewillt bist, den anderen Standpunkt zu verstehen und gelten zu lassen.

ROLLENSPIEL

Rollenspielanweisung für die Rolle des Streitenden B

Du vertrittst in deiner Rolle die Meinung, dass ihr in der Jugendherberge übernachten solltet, weil es bei Regen angenehmer ist und weil man verpflegt wird.
Du musst nicht unbedingt von deiner Meinung abrücken. Es reicht schon, wenn du gewillt bist, den anderen Standpunkt zu verstehen und gelten zu lassen.

Frage und Antwort

Frage: Was ist beim Rollenspiel zu beachten?

Antwort: Rollenspieler schlüpfen für eine festgelegte Zeit in die Haut einer anderen Person. Bei der Durchführung von Rollenspielen sollte man darauf achten, dass Mensch und Rolle klar voneinander getrennt bleiben, soweit dies möglich ist. Die Rollenspiel-Leiterin muss darauf achten, dass die Spieler

a) bewusst die Rolle einnehmen

b) bewusst die Rolle verlassen

(siehe Kapitel „Anleitung zum pädagogischen Rollenspiel mit weiteren Ideen).

Große PAUSE

3. Trainingstag

Lektion 6
Mediations-Phase 1

Einleitung und Kontrakt

Sinn und Ziel von Phase 1 kennenlernen und praktisch einüben: Herstellen von Setting und Gesprächsrhythmus
Rolle als Mediatorin einnehmen
Regeln erläutern und Zustimmung einholen
Kontrakt
mit Widerstand umgehen

60 min

Impulsreferat
Arbeitsblätter
Rollenspiele

Arbeitsblatt und Rollenspielanweisung

Stuhlkreis

Arbeitsblatt für die Teilnehmer

Mediation auf einen Blick

PHASE 1
Kontrakt

- **Vorstellung**

- **Begrüßen und Ermutigen**
  „Ich bin Mustafa, wer seid ihr? Schön, dass ihr beide gekommen seid."

- **Reihenfolge erläutern**
  „Ich will euch zuerst erklären, was Mediation ist. Dann reden wir über euren Streit. Okay?"

- **Setting (Blickrichtung zur Mediatorin) herstellen**
  „In der Mediation sprecht ihr zu mir und erst zum Schluss miteinander. Deshalb stehen hier auch die Stühle anders, als ihr es kennt. Das hilft euch, zu reden ohne zu streiten."

- **Mediatorenrolle erläutern**
  „Meine Aufgabe ist es, euch beide gleich zu behandeln. Ich werde versuchen, **dich** zu verstehen und **dich** zu verstehen, damit ihr euch wieder vertragt. Für euren Streit suchen wir eine faire Lösung."

- **Regeln erläutern und Zustimmung holen**
  „Ihr solltet zu drei Dingen JA sagen:
  1. **Es spricht immer nur einer.**
  2. **Keiner verletzt den anderen oder kränkt ihn.**
  3. **Unser Gespräch ist vertraulich.** Keiner erzählt den Inhalt weiter."

© D. Hauk

PHASE 2
Beide Standpunkte anhören und verstehen

- Aufforderung, zu beginnen (Einleitung der Phase)
  „Timo, willst du mir erzählen, was du aus deiner Sicht erlebt hast?"

- Inhalt spiegeln
  „Lass mich schaun, ob ich dich richtig verstanden habe. Du meinst, dass..."

- Orientierungsfragen stellen
  – „Wann hat euer Steit angefangen?"
  – „Wie meinst du das genau?"
  – „War das früher auch schon so?"

- bei „Lügen" und Schuldzuweisung Rolle erklären
  „Ich bin kein Richter. Hier wird nicht nach der Wahrheit gesucht. Es interessiert mich viel mehr, wie es **dir** geht, und wie es **dir** geht. Erzählt mal ..."

- Abschluss der Phase: Zusammenfassung und Aufzeigen von Gemeinsamkeiten (oberflächlich)
  „Ihr habt beide ein Problem."

PHASE 3
Die persönliche Bedeutung des Konfliktes finden

- offene Frage
  „Was bedeutet das, was wir eben besprochen haben, für dich?"

- Spiegeln der Gefühle
  „Meinst du, dass ..."

- Offene Frage (tieferliegende Gefühle und Gründe)
  „Was bedeutet es noch und was meinst du konkret? Willst du mir mehr davon erzählen?"
  „Was ist daran das Wichtigste für dich. Kannst du das sagen?"

Mannheimer Institut für Mediation

© D. Hauk

- Spiegeln der Gefühle
  „Mir scheint, dir ging es ..."
  „Meinst du, dass ..."

- die andere Seite um Geduld bitten
  „Hör zu, ist es okay für dich, wenn ich noch einen Moment weiter mit ihm rede. Ich habe ihn noch nicht ganz verstanden. Ich komme gleich auch zu dir, so dass wir dich verstehen können."

- Abschluss der Phase: Erfolge aufzeigen
  „Jetzt sind wir einen großen Schritt weiter. Wir wissen, was für euch wichtig war und wie es euch ging. Toll, dass ihr so ehrlich seid und so gut mitarbeitet."

PHASE 4
Von der Vergangenheit zur Zukunft

- Drehbuch umschreiben (Einleitung der Phase)
  „Patrick, wenn du die Zeit zurückdrehen könntest, was hättest du dir anders gewünscht? Wie hätte es konkret ausgesehen?"

- Pendeln
  „Timo, Patrick hätte sich gewünscht, dass ... Was hättest du dir anders gewünscht?"

- Die direkte Kommunikation herstellen
  „Möchtest du es ihm selbst sagen?"

- Schuldgefühle nehmen
  „Wenn du könntest, würdest du es ungeschehen machen."
  „Das hast du so nicht gewollt."

- Zusammenfassung
  „In Zukunft würdet ihr es anders machen."

PHASE 5
Tauschgeschäfte

- **Tauschgeschäfte anregen (Einleitung der Phase)**
  „Timo, was könntest du von Patrick wollen, um dich wieder mit ihm zu vertragen und was könntest du ihm dafür geben? Etwas das ihm gefällt. Du kannst ihn direkt fragen, ob er das möchte."

- **Wiederholen für die andere Seite**
  „Patrick, was würdest du dir von Timo wünschen, um dich wieder mit ihm zu vertragen und was könntest du ihm dafür geben? Etwas das ihm gefällt. Du kannst ihn direkt fragen, ob er das möchte."

- **Ideen schriftlich festhalten (auf Wandzeitung oder Kärtchen)**
  „Lasst uns schaun, wo ihr übereinstimmt."

- **Auf Fairness und Realisierbarkeit überprüfen und gemeinsame Lösung auswählen**
  „Findet ihr die Lösung beide gut? **Du** und **du** auch?" (die Mediatorin überlässt die Entwicklung einer Vereinbarung den Mediationsteilnehmern.)

- **Schlussvereinbarung und Nachtermin**

- **Freundlicher Abschied**
  „Es hat Spaß gemacht, mit euch zu arbeiten. Wir sehen uns in 14 Tagen zum Nachtermin. Wollt ihr euch die Hand geben?"

Arbeitsblatt für die Teilnehmer

Phase 1 – Einleitungsphase

- **Vorstellen**
  „Ich bin Martha, wer seid ihr?"

- **Begrüßen und Ermutigen**
  „Schön, dass ihr beide gekommen seid."

- **Reihenfolge erläutern**
  „Ich will euch zuerst erklären, was Mediation ist, und ihr könnt sehen, ob ihr damit einverstanden seid. Dann reden wir über euren Streit. Okay?"

- **Setting (Blickrichtung zur Mediatorin) herstellen**
  „In der Mediation sprecht ihr zu mir und erst zum Schluss miteinander. Deshalb stehen hier auch die Stühle anders, als ihr es kennt. Das hilft euch, zu reden ohne gleich zu streiten."

- **Mediatorenrolle erläutern**
  „Meine Aufgabe ist es, euch beide gleich zu behandeln. Ich werde versuchen, dich zu verstehen und dich zu verstehen, damit ihr euch wieder vertragt. Für euren Streit suchen wir eine Lösung, die ihr beide gerecht findet."

- **Regeln erläutern und Zustimmung holen**
  „Ihr solltet zu drei Dingen JA sagen:
  1. **Es spricht immer nur einer.**
  2. **Keiner verletzt den anderen oder kränkt ihn.**
  3. **Unser Gespräch ist vertraulich.** Keiner erzählt den Inhalt weiter. Weder an Lehrer, noch an Mitschülerinnen, noch an Eltern. Auch ich nicht. Seid ihr damit einverstanden?"

Die vier Aufgaben der Mediatorin zu Beginn der Mediations-Sitzung

- Eine freundliche Gesprächsatmosphäre schaffen.
- Ein angenehmes Mediations-Setting herstellen.
- Die Rolle und Aufgaben der Mediatoren erklären.
- Die Spielregeln aufzeigen und die Zustimmung einholen.

Schritt 1: In Kleingruppen lassen Sie folgende Fragen erarbeiten.

Welche Gefühle haben streitende Schüler, bevor sie zum ersten Mal in Mediation kommen?
A. Welche Hoffnungen haben die Schüler?
B. Welche Befürchtungen haben sie?

Schritt 2: Sie notieren die Antworten auf Wandzeitung/Tafel und ergänzen folgende Aspekte.

Mediation ist meist für die Beteiligten neu. Die Gefühle der Streitenden sind daher sehr gemischt.

Sie können Angst haben – „Was ist, wenn die Mediatorin mich auch verurteilt wie die anderen?"
Sie können misstrauisch sein – „Und wenn sie dem andern Recht gibt?"
Sie können voller Hass aufeinander sein – und deshalb vor euch streiten
Sie können euch ablehnen – „Eigentlich wäre ich lieber nicht hier. Es war nicht meine Idee."
Sie können beschämt sein – „Was ist, wenn der Andere die wirklich peinlichen Dinge erzählt?"
Sie können aber auch gleichzeitig hoffen –
„Vielleicht gibt der Mediator mir Recht und hilft mir gegen den anderen."
„Vielleicht bringt er die gefährdete Beziehung wieder in Ordnung."
„Vielleicht versteht er mich wenigstens."
„Vielleicht glaubt er mir."
„Vielleicht komme ich so um die Bestrafung herum."

Resümee für Schüler

Es empfiehlt sich für uns Mediatoren, gerade zu Beginn der Sitzung zu den Streitenden freundlich zu sein. Wir sollten wissen, dass sich eventuelle Wutausbrüche oder Schweigen nicht gegen uns persönlich richten, sondern in den genannten Ängsten und Hoffnungen begründet liegen!
Mögliche Formulierung:
„Schön, dass ihr gekommen seid. Es war sicher nicht einfach für Euch? Ich will euch zuerst erklären, was Mediation ist, und ihr könnt sehen, ob ihr damit einverstanden seid. Dann reden wir über euren Streit. Okay?"

Schritt 3: Sie geben den Lernimpuls zu Punkt 2 – das Setting herstellen

In der Mediation führt die Mediatorin Einzelgespräche – in gleichem Rhythmus abwechselnd mit beiden Streitenden. Sie hat die Zügel in der Hand. Würde die Mediatorin nicht stark im Mittelpunkt stehen und das Gespräch immer wieder neu auf sich lenken, gerieten die Mediationsteilnehmer sehr schnell in Streit. Sie sind zumindest in den ersten 4 Phasen der Mediation nicht dialogfähig.
Aus diesem Grund ergibt sich für die Gesprächssituation der Mediation ein ganz besonderes „Setting". Setting ist die Anordnung der Sitze, so dass sich automatisch die Blick- und Sprechrichtung zur Mediatorin hin ergibt.

Schritt 4: Sie stellen die Stühle im Mediations-Setting und erläutern es.

Ihr stellt also das Setting her (mit Blickkontakt) und erklärt es den Streitenden mit folgenden Worten: „In der Mediation sprecht ihr zu mir und erst zum Schluss miteinander. Deshalb stehen hier auch die Stühle anders, als ihr es kennt. Das hilft euch, zu reden ohne gleich zu streiten."

Schritt 5: Sie geben den Lernimpuls zur Rolle der Mediatorin.

Die Mediatorin hat die Aufgabe, beide Streitenden gleich zu behandeln. Sie hat auch die Aufgabe, das Gespräch zu steuern und immer wieder in ruhige Bahnen zu len-

ken. Letztendlich ist es ja das Ziel von Mediation, zu einer Lösung zu kommen, die für beide gut ist.
Ihr sagt als Mediatoren: „Meine Aufgabe ist es, euch beide gleich zu behandeln. Ich werde versuchen, dich zu verstehen und dich zu verstehen. In der Mediation werden sogenannte Win-Win-Lösungen gesucht. Das heißt, Lösungen, die ihr beide gerecht findet."

Kleine PAUSE

Schritt 6: Sie geben den Lernimpuls zu den Spielregeln.

Spielregeln zu Beginn der Mediation sind sehr wichtig. Damit sich Mediatoren später daran erinnern können. Spielregeln gehören zu den Ritualen der Mediation. Rituale geben den Beteiligten Halt und Struktur. Dadurch wirken sie konfliktentschärfend. Ihr stellt die Spielregeln vor und holt euch dafür Zustimmung ein.
„ Ihr solltet zu drei Dingen JA sagen:
1. Es spricht immer nur einer.
2. Keiner verletzt den anderen oder kränkt ihn.
3. Unser Gespräch ist vertraulich. Keiner erzählt den Inhalt weiter. Weder an Lehrer, noch an Mitschülerinnen, noch an Eltern. Auch ich werde mich daran halten. Seid ihr damit einverstanden?"

Regeln in der Mediation
- Regel 1: Es spricht immer nur eine Person.
- Regel 2: Keiner verletzt oder kränkt den anderen.
- Regel 3: Was gesprochen wird, ist vertraulich.

Schritt 7: Sie lassen die Schülerinnen im Rollenspiel die Einleitung üben.

Wenn Schüler zwangsfreiwillig in Mediation kommen, muss die Mediatorin davon ausgehen, dass sie unmotiviert sind. Dies erschwert Mediation sehr. Die Mediatorin kann nun die fehlende Motivation zum Thema machen: „Warum seid ihr hier? Weil euch jemand geschickt hat?"

Dann kann sie fragen, was die Alternative wäre: *„Was geschieht, wenn ihr in Mediation keine Vereinbarung findet?"* Die Alternative ist meist sehr düster. *„Meine Eltern werden einbestellt"* oder *„es gibt Ausschluss."*
Wenn das herausgefunden ist, kann sie unverbindlich die Regeln und das Verfahren von Mediation erläutern, um den Streitenden die Angst zu nehmen. *„Meine Rolle ist..."*. Danach kommt es oft zu einer freiwilligen Entscheidung **für** die Mediation. Und damit kann sie in Mediationsphase 2 gehen.

Schritt 8: Abschlussrunde des Tages mit Auswertung (im Kreisgespräch oder als Wandzeitung, je nach Zeit).

„Was mir heute besonders gut gefallen hat und was ich mir anders gewünscht hätte."

Rollenspiel zu Phase 1 – Die Einleitung der Mediation
Der verschwundene Radiergummi

Rollenspielanweisung
Mediatorin

Zwei Mädchen, Ivonne und Natalie, streiten sich an einer Tischgruppe um einen Radiergummi. Jede behauptet, es wäre ihrer. Die Lehrerin, ausgebildete Mediatorin, spricht mit beiden und bekommt die Zusage, dass sie sich in der Hofpause im Mediationsraum melden. Der Unterricht kann erst einmal ungestört weitergeführt werden.

In der Hofpause vereinbart die Mediatorin mit den beiden einen Schlichtungstermin. Dieser findet am selben Tag nach der 6. Stunde statt.

Als Mediatorin begrüßt du die Kinder, stellst kurz die Regeln und deine Aufgaben vor und lässt dir von den Kindern die Zustimmung zu den Regeln geben.

Wenn die Kinder dazwischen reden, sagst Du:

„Passt auf: Über euren Streit reden wir gleich. Jetzt hört *ihr* mir erst mal zu, damit ich euch die Mediation erklären kann. Dann höre ich *euch* zu. Okay?"

Danach erklärst du in Ruhe weiter.

Mannheimer Institut für Mediation

© D. Hauk

Rollenspiel zu Phase 1 – Die Einleitung der Mediation
Der verschwundene Radiergummi

Rollenspielanweisung
Ivonne

2 Mädchen, Ivonne und Natalie, streiten sich an einer Tischgruppe um einen Radiergummi. Jede behauptet, er gehöre ihr. Die Lehrerin, ausgebildete Mediatorin, spricht mit beiden und bekommt die Zusage, dass sie sich in der Hofpause im Mediationsraum melden. Der Unterricht kann erst einmal ungestört weitergeführt werden.

In der Hofpause vereinbart die Mediatorin mit den beiden einen Schlichtungstermin am selben Tag, nach der 6. Stunde. In der Rolle von Ivonne bist du zuerst sehr wütend über Natalie, da sie der festen Meinung ist, der Radiergummi gehöre ihr.

Du hast ihn in ihrem Ranzen gesehen, bist aber sicher, dass es deiner ist. Du bist so wütend, dass du der Mediatorin gleich ins Wort fällst, anstatt sie ausreden zu lassen.

Rollenspiel zu Phase 1 – Die Einleitung der Mediation
Der verschwundene Radiergummi

Rollenspielanweisung
Natalie

2 Mädchen, Ivonne und Natalie, streiten sich an einer Tischgruppe um einen Radiergummi. Jede behauptet, er gehöre ihr. Die Lehrerin, ausgebildete Mediatorin, spricht mit beiden und bekommt die Zusage, dass sie sich in der Hofpause im Mediationsraum melden. Der Unterricht kann erst einmal ungestört weitergeführt werden.

In der Hofpause vereinbart die Mediatorin mit den beiden einen Schlichtungstermin am selben Tag, nach der 6. Stunde.

In der Rolle von Natalie bist du sehr erbost und fühlst dich reingelegt. Erst als du sicher sein kannst, dass die Mediation freiwillig ist, bist du mit den Regeln einverstanden. Du vergewisserst dich noch einmal, ob du gehen kannst, wenn es dir nicht mehr passt.

Frage und Antwort

Frage: Was kann der Mediator tun, wenn eine Seite die Regeln partout ablehnt?
Antwort: Blockaden zu Beginn der Mediation können verschiedene Gründe haben.
- Angst vor Strafe :
  Die Mediatorin erläutert ihre Rolle:
  „In der Mediation wird nicht nach Schuld gesucht. Statt dessen ist es mir wichtig zu sehen, wie es zu dem Streit kam und wie ihr da wieder herauskommt. Mediation endet nicht in Strafe." (siehe Phase 1 – Einleitung des Gespräches)
- Angst, gehänselt oder beschämt zu werden: Der Mediator nimmt den Kindern die Angst.
  „Mediation braucht etwas Mut. Aber ich bin dafür da, euch zu helfen."
- Angst vor „Verrat" eines bisher unaufgedeckten Vergehens.
  Die Mediatorin weist auf die Vertraulichkeit hin.
  „Mediation ist vertraulich. Ich werde nach außen nichts erzählen.."
  Der Mediator fragt nach der schlimmsten Befürchtung.
  „Was könnte denn passieren, wenn du zu den Regeln ja sagst und wir mit der Mediation beginnen?"
  Danach räumt er, wenn möglich, die Befürchtungen aus dem Weg.
  „Du sagst, es könnte passieren, dass sich Verena nicht an die Regeln hält und dich beleidigt. Es ist meine Aufgabe, hier dafür zu sorgen, dass die Regeln eingehalten werden."

Frage: Welche Seite beginnt in der Mediation?
Antwort: Die beiden Dinge, die am häufigsten praktiziert werden:
- Das Los oder der Würfel entscheiden.
- Es wird die Person, die mit der Schilderung des Konfliktes aus ihrer Sicht beginnen soll, bestimmt. „Erzähl du, wie es aus deiner Sicht war, und du kommst auch gleich dran."

4. Trainingstag

Lektion 7
Mediationsphase 2 und 3

Arbeiten in Phase 2 und Phase 3
Wiederholung der bisher bekannten Techniken
Besonderheit in Phase 2: „Der lügt!"
Abschluss und Überleitung zu Phase 3 „Tiefendimension"
Verhandlungstechniken „Tür-Öffner" und „offene Fragen"
Training am eigenen Konflikt
Abschluss der Phasen

90 min

Warming up
Impulsreferate
Training am eigenen Konflikt
Rollenspiele

Rollenspiel-Text „Timo und Patrick auf dem Weg zum Sportplatz" oder Lehrfilm dazu (in Lektion 1)
Arbeitsblätter „Mediations-Phase 2 und Phase 3"
Konflikt-Karten
Rollenspielanweisungen
Teilnehmerbogen „Fragen / Tür-Öffner"

Stuhlkreis
Tischplätze zum Ausfüllen der Konfliktkarten
Raum für Dreier-Gruppen

Mannheimer Institut für Mediation

Lektion 7A
„Beide Standpunkte verstehen" (Mediationsphase 2)

Warming up

„Ich bin der Fluss, wer passt zu mir?"
Drei Stühle stehen nebeneinander, mit Abstand zum Plenum. Ein Spieler setzt sich auf den mittleren Stuhl und sagt: *„Ich bin der Fluss, wer passt zu mir?"* Die übrigen Mitspielerinnen überlegen nun zwei Dinge, die zum Fluss passen. Wer die erste Antwort gefunden hat, setzt sich schnell auf den rechten Stuhl (neben den Fluss) und sagt z.b.: „Ich bin das Flussbett". Wer die zweite Antwort zuerst ausruft, setzt sich schnell auf den linken Stuhl und sagt z.b. Beispiel: „Ich bin der Flussdampfer." Nun geht die Spielerin des mittleren Stuhles und die des linken Stuhles auf ihren Platz zurück. Die Spielerin, die auf dem rechten Stuhl saß, kommt in die Mitte und führt das Spiel weiter. „Ich bin das Flussbett, wer passt zu mir?" „Ich bin das Ufer"...

> **Schritt 1: Sie geben den Lernimpuls zu Phase 2 „Beide Standpunkte verstehen".**

In Phase 2 tragen die Streitenden ihre beiden kontroversen Standpunkte vor.
Der Mediator leitet Phase 2 ein, indem er einen der beiden Streitpartner auffordert, die Geschichte zu erzählen, die dieser erlebt hat. „Erzähl mir, wie die Geschichte aus deiner Sicht aussieht. Was hast Du erlebt? Dann kommst Du dran" (mit Blick zur anderen Seite). Der Mediator hört sich beide Seiten gut an und spiegelt alles (hier eher an der Oberfläche, also eher den Inhalt, weniger das Gefühl!). Dabei verweilt er in der Regel nicht länger als zwei Minuten auf einer Seite. Anschließend werden Orientierungs-Fragen gestellt, z.B.: „Wann hat denn euer Streit angefangen?" „Ich habe dich nicht genau verstanden, erklärst du es noch einmal?" „War das schon immer so?" Die Phase endet mit einer Zusammenfassung etwa derart: „Euch beiden geht es schlecht?". Die Zusammenfassung stärkt die Beziehung der Streithähne, während das Spiegeln jeden einzelnen unterstützt. Beides ist in der Mediation wichtig.

> **Schritt 2:** Sie lassen aus dem Rollenspiel Timo und Patrick Phase 1 und Phase 2 vorspielen oder zeigen den Beginn des Lehrfilms „Timo und Patrick auf dem Weg zum Sportplatz" bis zum Ende von Phase 2.

„Eine Besonderheit taucht in dieser Phase häufig auf:
Der gegenseitige Vorwurf der Lüge. Auf diesen Vorwurf reagieren wir, indem wir deutlich den Unterschied zwischen Sanktionsverfahren und Mediation herausstellen.
„Ich bin kein Richter. Hier wird nicht, nach Schuld oder Wahrheit gesucht. Es interessiert mich viel mehr, wie es dir geht und wie es dir geht. Erzählt mal..."

> **Schritt 3:** Sie lassen Phase 1 und Phase 2 im Rollenspiel üben und werten es im Plenum aus.

Kleine PAUSE

Arbeitsblatt für die Teilnehmer

PHASE 2
Beide Standpunkte anhören und verstehen

- **Aufforderung, zu beginnen**
  „Timo, willst du mir erzählen, was du aus deiner Sicht erlebt hast?"

- **Inhalt spiegeln**
  „Lass mich schauen, ob ich dich richtig verstanden habe."
  „Du meinst, dass ...?"

- **Orientierungsfragen stellen**
  „Wann hat euer Streit angefangen?"
  „Wie meinst du das genau?„
  „War das früher auch schon so?"

Bei „Lügen" und Schuldzuweisung:
- **Rolle des Mediators erklären:** „Ich bin kein Richter. Hier wird nicht nach Schuld oder Wahrheit gesucht. Es interessiert viel mehr, wie es jedem von euch geht. Erzählt mal..."

- **Wechsel zur anderen Seite** und das Gleiche noch einmal

- **Abschluss der Phase:** Zusammenfassung

© D. Hauk

Rollenspiel zu Phase 2 – Die beiden Standpunkte verstehen
Der verschwundene Radiergummi

Rollenspielanweisung
Mediatorin

Die beiden Mädchen Natalie und Ivonne stritten um einen Radiergummi. Bei dem Rollenspiel der letzten Stunde hat die Mediatorin es geschafft, das Setting herzustellen, die Zustimmung zu den Regeln zu erhalten und die Aufmerksamkeit der beiden auf sich zu lenken. Nun kannst du schon Phase 2 einleiten. „Möchtest du mir erzählen, wie die Sache aus deiner Sicht aussieht? Du kommst auch gleich dran." Du spiegelst jede einzelne Person, fragst, was du wissen möchtest, normalisierst und fasst dann das Wesentliche zusammen. Vielleicht findest du sogar ein gemeinsames Gefühl der beiden. Das macht sie ruhiger. Geh noch nicht in die Tiefe mit deinen Fragen. Das kommt später.

Rollenspiel zu Phase 2 – Die beiden Standpunkte verstehen
Der verschwundene Radiergummi

Rollenspielanweisung
Ivonne

Die beiden Mädchen, Natalie und Ivonne stritten um einen Radiergummi. Bei dem Rollenspiel der letzten Stunde hat die Mediatorin es geschafft, das Setting herzustellen, die Zustimmung zu den Regeln zu erhalten und die Aufmerksamkeit der beiden auf sich zu lenken.

Als Ivonne warst du zuerst sehr wütend über Natalie, da sie der festen Meinung ist, der Radiergummi gehöre ihr. Du hattest ihn in ihrem Ranzen gesehen, bist aber sicher, dass es deiner ist. Bei der Frage nach dem Sachverhalt erzählst du, dass du seit 3 Wochen diesen Radiergummi mit der Maus drauf hattest. Er war aber seit 2 Tagen verschwunden und nun eben in der Tasche von Natalie wieder aufgetaucht. Du bist der Meinung, dass Natalie sowieso öfter lügt, und dass man ihr nichts glauben kann. Diesmal lässt du die anderen allerdings ausreden.

© D. Hauk

Rollenspiel zu Phase 2 – Die beiden Standpunkte verstehen
Der verschwundene Radiergummi

Rollenspielanweisung
Natalie

Die beiden Mädchen Natalie und Ivonne stritten um einen Radiergummi. Bei dem Rollenspiel der letzten Stunde hat die Mediatorin es geschafft, das Setting herzustellen, die Zustimmung zu den Regeln zu erhalten und die Aufmerksamkeit der beiden auf sich zu lenken. In der Rolle von Natalie bist du ebenso wie Ivonne sehr erbost und fühlst dich reingelegt. Du hast den Radiergummi in deinem Ranzen auf einer Geburtstagsfeier gewonnen und denkst nicht im Traum daran, ihn an Ivonne abzugeben. Es ist Zufall, dass die beiden Radiergummis gleich aussehen.

Frage und Antwort

Frage: Was kann ich als Mediator tun, wenn ich merke, dass ich einen der beiden Streitenden besser verstehe als den anderen, dass also meine Sympathie einseitig ist?

Antwort: Es kommt oft vor, dass Mediatoren mit einem Konfliktpartner besser mitfühlen können als mit dem anderen. Wichtig ist hier in erster Linie, dass er sich dessen bewusst ist.
Dann kann man kurz überlegen, was einen an der anderen Seite stört. Meist ist es eine Eigenschaft, die man an sich selbst auch nicht mag. z.B. Besserwisserei oder fehlendes Durchsetzungsvermögen. Wenn man das erkannt hat, ist es leichter, beide Mediationsteilnehmer zu akzeptieren. Wichtig ist also, dass man sich selbst zwischendurch gut beobachtet.

kleine PAUSE

Lektion 7B
„Die persönliche Bedeutung des Konfliktes" (Mediationsphase 3)

Schritt 4: Sie geben den Lernimpuls zu Phase 3 in der Mediation „Die persönliche Bedeutung des Konfliktes finden"

In der 3. Phase der Mediation richten die Mediatoren ihr Augenmerk auf die Hintergründe und die Bedeutung des Konfliktes für die Streitpartner. Die Streitenden lernen so, sich selbst ernst zu nehmen und zugleich den anderen zu verstehen. Die dadurch entstehende Annäherung der beiden Streitenden ist die Voraussetzung für das Erarbeiten einer Lösung des Konfliktes. Um zu diesem Ziel zu gelangen, wenden wir in der 3. Phase der Mediations-Sitzung als Haupt-Techniken „offene Fragen" an. Da die Streitenden ihre persönlichen Gründe, die zu dem Streit geführt haben und wichtige Anliegen nicht nennen möchten, sollte die Mediatorin sie dazu ermutigen. Sie sollte auch zeigen, dass sie die Streitenden versteht, ohne Ihnen zu nahe zu kommen. Die Technik „Tür-Öffner" oder auch „Eisbrecher" genannt, hilft hierbei. Sie sind freundliche Aufforderungen, mehr von sich zu erzählen, ohne die Streitenden zu bedrängen. Sie unterscheiden sich von den „Orientierungsfragen" dadurch, dass sie weniger der Orientierung und der Informationsgewinnung dienen, als dazu, das Vertrauen der Streitenden zu bekommen. Ergänzend wird „gespiegelt" und zusammengefasst, gelobt und „gependelt".

Schritt 5: Sie erläutern die Technik „offene Fragen".

Geschlossene Fragen werden mit JA oder NEIN, mit einem Wort oder einem kurzen Satz beantwortet. Beispiel: „Kannst Du Dich im Moment gut konzentrieren?" Ja oder Nein. „Wie würde dir der Name Konflikt-Manager für euer Streit-Schlichter-Team gefallen?" Gut oder nicht gut. „Welcher Begriff gefällt dir besser: Streit-Schlichter oder Mediatorin?"

Offene Fragen dagegen unterscheiden sich von geschlossenen Fragen dadurch, dass sie nicht mit JA oder NEIN und nicht mit einem Wort oder Satz beantwortet werden.

Beispiel 1: „Warum gefällt dir der Name: Mediatoren-Clique nicht?"
Beispiel 2: „Was gefällt dir an dem Namen Mediatoren-Clique gut?"

Mannheimer Institut für Mediation

© D. Hauk

> **Schritt 6: Die Schüler raten, ob nachstehende Fragen offene Fragen oder geschlossene Fragen sind.**

Beispiele für „offene" und geschlossene Fragen

- Besucht ihr alle dieselbe Klasse?
- Warum möchtest Du Streit-Schlichter werden?
- Findet Deine Mutter diese Idee auch gut?
- Findet Dein Vater diese Idee auch gut?
- Was hält dein Freund/ deine Freundin davon?
- Gehst Du im Winter gerne Schlittschuhe laufen?
- Was hältst Du von Schlittschuh-Laufen im Winter?

> **Schritt 7: Sie ermuntern die Schülerinnen, einige Beispiele für offene und geschlossene Fragen zu finden.**

Beispiel: „Sag mal, wann und wie hat eigentlich euer Streit angefangen?"

Arbeitsblatt für Teilnehmer

Beispiele für „Tür-Öffner" und „offene Fragen"

- „Was bedeutet es für Dich?" (= wichtigster Tür-Öffner!)

- „Was bedeutet es noch?" (bringt zusätzliche Themen auf den Tisch)

- „Ich kann es mir noch nicht so richtig vorstellen."

- „Erklärst du mir noch einmal, wie das genau war?"

- „Willst du mir mehr davon erzählen?"

- „Was hat dich eigentlich so unglaublich aufgebracht an der Sache, willst du es mir erzählen?"

- „Was ist daran das Wichtigste für Dich. Kannst du das sagen?"

- „Du kannst hier gerne erzählen, wie es dir jetzt geht, unser Gespräch ist ja vertraulich."

Mannheimer Institut für Mediation

© D. Hauk

Arbeitsblatt für Teilnehmer

Die persönliche Bedeutung des Konfliktes finden

- *Offene Frage*
  „Was bedeutet das, was wir eben besprochen haben, für dich?"

- *Spiegeln der Gefühle*
  „Mir scheint, dir ging es ..."
  „Meinst du, dass..."

- *Offene Frage*
  „Was bedeutet es noch und was meinst du konkret?"
  „Willst du mir mehr davon erzählen?"
  „Was hat dich eigentlich so unglaublich an der Sache aufgebracht, willst du es mir erzählen?"
  „Was ist daran das Wichtigste für Dich? Kannst du das sagen?"

- *Wieder Spiegeln der Gefühle*
  „Mir scheint, dir ging es ..."
  „Meinst du, dass..."

- *Dazwischen evtl. die andere Seite um Geduld bitten*
  „Hör zu, ist es okay für dich, wenn ich noch einen Moment weiter mit ihr rede? Ich komme gleich auch zu dir, so dass wir dich verstehen können."

- *Wiederholen mit dem anderen*

- *Übergang zur nächsten Phase:* Erfolge aufzeigen und loben
  „Jetzt sind wir einen großen Schritt weiter. Wir wissen, was für euch wichtig war und wie es euch ging. Toll, dass ihr so ehrlich seid."

© D. Hauk — Mannheimer Institut für Mediation

> **Schritt 8:** Sie lassen Phase 3 aus dem Rollenspiel Timo und Patrick vortragen oder zeigen den passenden Filmausschnitt.

> **Schritt 9:** Sie ermuntern die Schüler, anhand der folgenden Einzel-Arbeit über einen eigenen Konflikt nachzudenken und sich gegenseitig mit den gelernten Techniken zu interviewen.

Zur Veranschaulichung der Technik empfiehlt sich eine Wahrnehmungs-Übung. Die Schülerinnen können hierzu die Konflikt-Karte (siehe nächste Seite, Vorder- und Rückseite) ausfüllen, um die Fragetechniken anhand eines persönlich erlebten Konfliktes kennenzulernen (siehe Frage/Antwort im Anschluss an die Lektion!).
Die 1. Seite der Konflikt-Karte ist in Stillarbeit auszufüllen, die Rückseite in Kleingruppen gemeinsam zu besprechen und zu lösen. Eine Auswertung im Plenum gibt es nicht (siehe Tipps und Tricks).

Die Schüler sollten bei der folgenden Übung unter sich sein, da Ihre Konflikte oft „top secret" sind. Ich gehe hier erst dann auf Schülerinnen ein, wenn ich explizit darum gebeten werde. Ich selbst möchte meine Konflikte auch eher mit meinesgleichen besprechen. Diese Übung regt stark die Handlungskompetenz und das Sozialverhalten der Schüler untereinander an. Ich habe erlebt, dass im Anschluss daran zwei Schülerinnen angeboten hatten, eine Dritte bei einem anstehenden Konfliktgespräch zu begleiten. So können Schülerinnen auch im Rahmen der Mediatoren-Ausbildung ihre Beziehungen verbessern.

> **Schritt 11: Rollenspiel mit Auswertung**

Sie bieten den Schülern wieder an, in einem Rollenspiel die bisher gelernten Techniken einzuüben. Das Rollenspiel beginnt mit der 1. Phase und wird solange gespielt, bis die Mediatorin und die Streitenden die wesentlichen Gefühle und Motive, die den Konflikt prägen, verstanden haben. Dann wird gestoppt.

große PAUSE

Konflikt-Karte – Vorderseite

Bitte beschreibe im nächsten Feld einen kleinen Konflikt, den du mit einer Person aus deiner nahen oder fernen Umgebung, der Schule, der Familie, aus dem Freizeitbereich o.a. hast.
Beschreibe
a. die Fakten, also den Hergang des Konfliktes
b. deine Gefühle gegenüber dem Konfliktpartner
c. die Gedanken und Gefühle des Konfliktpartners oder der Konfliktpartnerin, soweit du sie kennst oder ahnst.

a) Die Fakten aus deiner Sicht

b) Deine Gefühle

c) Die Gedanken und Gefühle deines Konfliktpartners

© D. Hauk

Konfliktkarte – Rückseite

Bitte teilt euch nun in Zweiergruppen auf. Sprecht nacheinander über euren Konflikt. Überlegt euch dabei, welche offenen Fragen ihr euch gegenseitig zu den beschriebenen Konflikten stellen könntet. Behandelt die erste „Geschichte" zu Ende, um dann die nächste zu beginnen.

OFFENE FRAGEN:

✏️

Bitte überlege nun, welche Tür-Öffner du verwenden könntest, um die Sprecherin oder den Sprecher zum Erzählen zu ermuntern.

TÜR-ÖFFNER

✏️

Abschließend könnt ihr euch überlegen, ob ihr ein Gespräch mit eurem Streitpartner führen wollt, um eure Situation nun zu klären. Besprecht euch untereinander. Ihr könnt diese Blätter in einem Umschlag aufbewahren. Wir kommen in Lektion 8 und 9 noch einmal darauf zurück.

Rollenspiel zu Phase 3 – Die persönliche Bedeutung des Konfliktes finden
Der verschwundene Radiergummi,

Rollenspielanweisung Mediatorin

Die beiden Mädchen Natalie und Ivonne stritten um einen Radiergummi. Bei dem Rollenspiel der letzten Stunde hat die Mediatorin es geschafft, die beiden Standpunkte zu hören und zu verstehen. In der dritten Phase geht es nun darum, dass du als Mediatorin oder Mediator die wirklichen Gründe des Streites herausfindest. Du leitest die Sitzung ein, indem du kurz darauf eingehst, was beim letzten Mal besprochen wurde. „Ihr hattet Streit wegen eures Radiergummis. Du Ivonne meintest, dass Natalie lügt und du Natalie hast erzählt, dass du den Radiergummi auf einer Geburtstagsfete gewonnen hast." Frage nach, seit wann dieser Streit andauert und was es für die beiden bedeutet. Sei geduldig und achte darauf, dass du nicht zu früh eine Lösung ansteuerst. Wenn die wahren Motive bekannt sind, kannst du wieder zusammenfassen und die Gefühle aufzeigen, die beide haben. Du kannst dann loben und sagen, dass ihr jetzt schon einen großen Schritt weiter gekommen seid.

Rollenspiel zu Phase 3 – Die persönliche Bedeutung des Konfliktes finden
Der verschwundene Radiergummi

Rollenspielanweisung
Ivonne

Die beiden Mädchen Natalie und Ivonne stritten um einen Radiergummi. Bei dem Rollenspiel der letzten Stunde ist es der Mediatorin gelungen, dass die beiden in Ruhe ihre Standpunkte austauschen konnten.

Als Ivonne warst du zuerst sehr wütend über Natalie, da sie der festen Meinung ist, der Radiergummi gehöre ihr. Du hattest ihn in ihrem Ranzen gesehen, bist aber sicher, dass es deiner ist. Auf die Frage nach dem Sachverhalt erzählst du, dass du seit 3 Wochen diesen Radiergummi drauf hattest. Er war aber seit 2 Tagen verschwunden und nun eben in der Tasche von Natalie wieder aufgetaucht. Du beharrst auf deinem Standpunkt, dass der Radiergummi mit der Maus drauf dir gehört und drohst damit, deine Eltern in die Schule zu holen, wenn du ihn nicht wieder bekommst.

Da die Mediatorin oder der Mediator dich sehr ernst nimmt, erzählst du, dass dieser Radiergummi ein Geschenk der Schwester war. Nachdem dies von der Mediatorin wiederum gewürdigt wird, bist du offen für eine Lösung.

Du beharrst nicht weiter auf deinem Standpunkt, sondern siehst das gemeinsame Problem: Es existiert nur ein Radiergummi.

Rollenspiel zu Phase 3 – Die persönliche Bedeutung des Konfliktes finden
Der verschwundene Radiergummi

Rollenspielanweisung
Natalie

Die beiden Mädchen Natalie und Ivonne stritten um einen Radiergummi. Beim letzten Rollenspiel ist es der Mediatorin gelungen, die beiden Standpunkte zu verstehen und in guten Kontakt mit den beiden zu kommen. Es hatte sich herausgestellt, dass du den Radiergummi auf einer Geburtstagsfeier gewonnen hattest. Du warst sehr böse auf Ivonne, dass sie dir nicht glauben wollte. In dieser Sitzung geht es mehr um euren eigentlichen Streit. Dieser dauert schon zwei Monate an. Der Radiergummi war nur der Tropfen, der das Fass zum Überlaufen gebracht hat. Wenn die Mediatorin es schafft, dein Vertrauen zu gewinnen, erzählst du, was dich wirklich bedrückt. Du bist eifersüchtig, weil Ivonne seit 2 Monaten öfter mit einem anderen Mädchen deiner Klasse zusammen ist als mit dir. Die beiden sind im gleichen Sportverein und turnen dort jede Woche zusammen. Du fühlst dich plötzlich verlassen.

© D. Hauk

Frage und Antwort

Frage: Was kommt nach den Antworten auf „offene Fragen"?

Antwort: Die Techniken „offene Fragen" und „Tür-Öffner" können kombiniert werden mit anderen Techniken wie „Spiegeln", „Pendeln" und „Gemeinsamkeiten aufzeigen". Es ist Aufgabe der Mediatorinnen, die Gefühle ernst zu nehmen und neugierig nachzufragen und zu spiegeln, bis das Wesentliche gesagt und von allen Beteiligten empfunden wird, so dass die Gefühle „im Raum" sind.

Übrigens: *Warum–Fragen* werden von Mediatoren sehr sparsam verwendet, weil diese schnell einen Vorwurf enthalten oder als solcher empfunden werden! Es geht nicht um Schuld-Suche, sondern um Einsicht und Verständigung in der Mediation!

Frage: Wie kann ich die beiden gleich behandeln, wenn ich einen der Streitenden viel fragen muss?

Antwort: 1. Gleiche Fragen an beide Seiten! 2. Man kann die andere Seite um etwas Geduld bitten, wenn es zu lange dauert. Spürbar wird dies, wenn der zweite Streitpartner beginnt auf dem Stuhl herumzurutschen, dazwischenzureden oder wegzuhören. Beispiel: *„Ich brauche noch einen Moment, bis ich Patrick verstanden habe. Es ist auch für dich wichtig zu hören, wie es ihm gegangen ist. Ich frage dich auch gleich."*

Frage: Kann ich die gleichen „offenen Fragen" wiederholen?

Antwort: Gerade die Frage: *„Was bedeutet es"* und *„Was bedeutet es außerdem noch?"* können mehrmals gestellt werden. Die Mediatorin gibt den Streitenden damit Zeit, Vertrauen zu gewinnen. Sie macht quasi kleine Kurven, Konversation, um wieder zu der Frage zurückzukehren. Fast in jeder Mediation erscheint erst auf die Wiederholung dieser Frage die wesentliche Antwort.

4. Trainingstag

Lektion 8
Mediationsphase 4

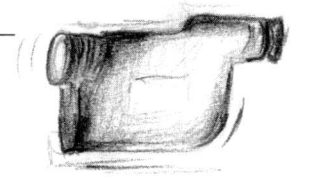

Lektion 8A
Von der Vergangenheit zur Zukunft

Erarbeiten der Techniken und des Verständnisses von Phase 4. Um die negativen Erfahrungen der Vergangenheit zu einem guten Abschluss zu bringen sind folgende Techniken zu berücksichtigen
- Drehbuch umschreiben: „Wie hättest du es dir anders gewünscht?"
- Direkte Kommunikation herstellen: „Möchtest Du es ihm selbst sagen?"
- Von den Schuldgefühlen zur Verantwortung kommen: „Das hast du nicht gewollt! Wenn du könntest, würdest du es ungeschehen machen?"

90 min

Warming up
Lernimpulse
Training am eigenen Konflikt
Film
Rollenspiel
Kleingruppen und Mauschelecken

Timo und Patrick als Rollenspielanweisung oder Lehrfilm dazu
Arbeitsblatt Methoden von Phase 4
Rollenspielanweisungen der Lektion
Umschläge mit den ausgefüllten Konfliktkarten von Lektion 7

Stuhlkreis

Gelenkte Phantasie-Reise von Else Müller (10)

© D. Hauk

Insel-Erlebnis

Du bist auf dem Meer – weit weg von deinem Alltag –
Ferienstimmung? Abenteuerstimmung? Erwartung? Hoffnung?
Du bist auf einem schönen alten Schiff –
Schwer und behäbig liegt es auf dem Meer –
Gebaut in einer anderen Zeit –

Viel dunkles, blankes Holz –
Blankgeputztes Kupfer – Messing –
Helle Taue und Seile – fest gespannt –
Blanker, brauner, hoher Mast –
Verblichene Segel, sie blähen sich leicht im Wind –
Holzblanken, von Seewasser überspült –
Himmel – Sonne –

Du bist ruhig, gelöst und fühlst dich wohl

Du stehst an der Reeling und schaust aufs Meer –
Die Wellen tanzen auf und ab, auf und ab –
Du spürst deinen Atem, ruhig und gleichmäßig –
Er hat den gleichen Rhythmus wie das Meer –
Auf und ab – gleich ein und aus –
Schwere – Wärme – Ruhe durchströmt deinen Körper – dich –

Das Meer ist grün – blau und schimmernd –
Hin und wieder ein wenig gekräuselter Schaum –
Kleine Kronen – sie tanzen wie kleine Wolken auf dem Meer –
Du riechst den herben Geruch des Wassers –
Die Wellen schlagen mit glucksenden Geräuschen an den hölzernen Rumpf des Schiffes
– platsch – platsch – platsch –
Ruhe –Ruhe –Ruhe –

Du fühlst die Sonne auf deinen Händen, Armen –
Auf deinem Nacken, deinen Schultern –
Auch auf deinen Füssen und Beinen fühlst du sie –

Mediationsphase 4

Warm ist dir – ganz wohlig warm –

Vor die – weit voraus – ist eine Insel –
Du willst dort hin –
Bist neugierig und gespannt –

Du steigst in das kleine Beiboot – ruderst hinüber –
Es scheint so fern – das Meer ist ruhig –
Wie ein glänzender Spiegel – ruhig und glatt –
Die Insel kommt dir näher – braun und grün –
Du legst am Ufer an – steigst aus –
Vertäust dein Boot –
Du fühlst den Sand unter den Füssen –
Ein weiter, heller, sanft verlaufender Strand liegt vor dir –
Du läufst fröhlich wie ein Kind –
Die Haare flattern dir ins Gesicht –
Du schmeckst das Salz des Meeres auf deiner Zunge –
Du hörst die Wellen schlagen – rauschen – auf und ab –
Du atmest ruhig – ein und aus – ein und aus –

Die Insel ist grün und blühend –
Büsche, Strauchwerk, Palmen, Blumen, Blüten, Düfte –
Summen der Bienen – Vögel rufen, warnen –
Schmetterlinge, ganz riesig große, schaukeln in warmer Luft –
Du fühlst und fühlst dich gut –
Du legst dich in den weichen warmen Sand –
Du fühlst dich schwer, warm ruhig und entspannt –
Du träumst ein wenig –

Du siehst eine kleine Lichtung auf der Insel –
Umringt von hohen, sich wiegenden Palmen, dichten Büschen –
Kleine Hütten, offen, stehend im Rund –
Kinder spielen, Hunde balgen sich, graue Vögel stolzieren umher

Frauen sitzen am Feuer – bereiten ein Mahl –
Duftende Kräuter, würziges Fleisch, frischer Duft von Brot –

© D. Hauk

Männer sitzen im Kreis und palavern –
Sie alle planen ein Fest –
Sie sind fröhlich, lachen, rufen sich freundliche Worte zu –

Langsam sinkt die Sonne hinter den Bäumen –
Trommeln hörst du und helle, klagende Instrumente –
Feuer werden angezündet –
Die Frauen stehen auf –
Ihre bunten, flatternden Gewänder begleiten ihren Tanz
Sie tanzen so fröhlich – die Männer und Kinder schauen zu –
Sie bilden einen Reigen – tanzen alle zusammen

Du fühlst dich wohl –
Du bist ruhig, gelöst und entspannt –
Eine große Ruhe durchströmt dich –

Arbeitsblatt für die Teilnehmer

PHASE 4
Von der Vergangenheit zur Zukunft

- **Drehbuch umschreiben**
  „Patrick, wenn du die Zeit zurückdrehen könntest, was hättest du dir anders gewünscht? Wie hätte es konkret ausgesehen?"

- **Pendeln**
  „Timo, Patrick hätte sich gewünscht, dass…Was hättest du dir anders gewünscht?"

- **Pendeln**
  „Patrick, Timo hätte sich anders gewünscht, dass…"

- **Die direkte Kommunikation herstellen**
  „Möchtest du es ihm selbst sagen?"

- **Schuldgefühle nehmen**
  „Wenn du könntest, würdest du es ungeschehen machen."
  „Das hast du so nicht gewollt."

Überleitung zur nächsten Phase:

- **Wende in die Zukunft**
  „Okay, Vielleicht hilft uns das für die Zukunft."

Schritt 1: Sie geben den Lernimpuls zu Phase 4 „Von der Vergangenheit zur Zukunft".

*Geschickte Mediatorinnen schlagen in der 4. Phase der Mediation einen Bogen von der **Vergangenheit** über die **Gegenwart** in Richtung **Zukunft**. Hierin liegt eine der größten Stärken von Mediation.*

Wir alle kennen das folgende Phänomen:
Wir sind zerstritten, aus unserer Sicht hat der andere den Streit begonnen und wir warten darauf, dass er gefälligst den ersten Schritt tut. Wir pochen äußerst beharrlich auf unser „Recht". Die Schüler, die zu uns in Mediation kommen, befinden sich in genau diesem Dilemma. Sie denken nicht in Richtung zukünftiger Lösung. Sie kleben an den vergangenen Ereignissen und wollen „ihr Recht".

Mit drei äußerst wirkungsvollen und sehr geschickten Mediationsmethoden können Sie den zerstrittenen Schülern helfen, die gegenseitigen Vorwürfe einzustellen und die Vergangenheit loszulassen.

Schritt 2: Sie erläutern die Technik Drehbuch umschreiben.

Zufriedenheit tritt sehr schnell dann ein, wenn die Streithähne im Gespräch über einen guten Abschluss nachdenken können.
Zuerst müssen dafür alle Personen im Raum gut verstehen, wie sich die Streitenden gefühlt haben und was nun die eigentlichen „issues"– also Konfliktpunkte waren, die zu dem Streit geführt haben.

Timo und Patrick:
„Ich war sauer, als er im Sport so getan hat, als hätte er mich ganz aus Versehen getreten. Da habe ich mich schwer reingelegt gefühlt."

Dann wendet die Mediatorin die Technik „Drehbuch umschreiben" an. Die Streitenden werden zu Filmautorinnen, die ihre eigene Geschichte neu schreiben. Es gibt nun eine Art „Happy-End im Kopf".

Mediator: „Stell dir vor, du könntest die Zeit zurückdrehen. Was hättest du dir anders gewünscht? Wie hätte das konkret ausgesehen?"

Die Antwort: „Ich hätte mir gewünscht, dass er nicht hintenherum fies ist, sondern mir direkt ins Gesicht sagt, was ihm nicht passt."

Mit dieser Antwort gibt der Streitende seine Vorwurfshaltung auf und sucht nach Lösungen. Lösungen zeigen immer nach vorne.

Schritt 3: Sie erläutern die Verhandlungstechnik „Direkte Kommunikation herstellen".

*Wenn dieser Punkt geklärt ist – natürlich für **beide** Seiten gleichermaßen! – ist der Zeitpunkt gekommen, an dem ihr den Schülern erlauben könnt, wieder direkt miteinander zu reden, denn nun ist die Lage entspannt.*

– Möchtest du es ihm selbst sagen? –

Schritt 4: Sie zeigen das Beispiel von Timo und Patrick am Film oder als Rollenspiel.

Schritt 5: Nun bitten Sie die Teilnehmerinnen, sich in die Kleingruppe zu begeben und gedanklich, mithilfe der Konfliktkarten von Lektion 7 zu dem Konflikt zurückzukehren. Folgende Fragen sollen erörtert werden:

- Was hättet ihr euch anderes gewünscht von dem Streitpartner?
- Was hätte dieser sich von euch anders gewünscht?
- Könnt ihr euch vorstellen, euch direkt mit dem Streitpartner auseinanderzusetzen?
- Wer hat die Schuld? Und wie könnte diese in Verantwortung verwandelt werden?

Sie geben 10 Minuten Zeit

kleine PAUSE

Schritt 6: Sie bitten die Schüler zum Rollenspiel. (Nächste Seite)

Tipps und Tricks

Es ist gut, wenn Sie die Schüler an dieser Stelle auf folgendes hinweisen: Die direkte Konfrontation mit den Gefühlen des Gegners löst bei den hartgesottensten Streitern Schuldgefühle aus. Sie merken plötzlich, dass der andere nicht eine Pappfigur ist, die man beliebig als Zielscheibe für die eigenen Aggressionen benutzen kann. Sie spüren seine Empfindungen und seine Verletztheit. Er ist ganz unvermittelt nicht mehr MEIN FEIND, sondern Mensch aus Fleisch und Blut (9). Die Streitenden registrieren nun, dass sie selbst die verletzenden Pfeile abgeschossen haben, die den anderen getroffen haben. Diese Reaktion ist sehr wertvoll! *„Wenn ich das gewusst hätte, hätte ich es bleiben lassen." Oder: „Ich wusste nicht, dass es dir so schlecht geht. Sonst hätte ich nicht mit den anderen über dich hergezogen."*

Genau hier lernen die Streitenden Neues dazu, sofern sie *nicht* verurteilt werden. Die Mediatoren-Antwort muss sie daher entschuldigen. Vorwürfe sind in dieser Situation völlig daneben. Stattdessen sind Samthandschuhe angebracht.

Die Schülerinnen können sagen: *„Ich merke, dass es dir leid tut." Oder: „Du wolltest ihn nicht absichtlich verletzen. Das habe ich jetzt gesehen."*

Rollenspielanweisung zu Phase 4 – Von der Vergangenheit zur Zukunft
Der verschwundene Radiergummi

Rollenspielanweisung
Natalie

Es hatte sich im letzten Rollenspiel herausgestellt, dass du in der Rolle der Natalie den Radiergummi auf einer Geburtstagsfeier gewonnen hattest. Und du warst sehr böse auf Ivonne. In dieser Sitzung geht es mehr um euren eigentlichen Streit. Dieser dauert schon zwei Monate an. Der Radiergummi war nur der Tropfen, der das Fass zum Überlaufen gebracht hatte. In Wirklichkeit warst du sehr eifersüchtig, weil Ivonne sich mehr einem anderen Mädchen zugewandt hatte.
Nun stellt sich die Frage, was du dir anders gewünscht hättest. Wenn du die Zeit umdrehen könntest, würdest du dir wünschen, dass du Ivonne auch außerhalb der Schule sehen kannst, wie die andere Freundin. Dann bräuchtest du nicht mehr eifersüchtig zu sein.

Rollenspielanweisung zu Phase 4 – Von der Vergangenheit zur Zukunft
Der verschwundene Radiergummi

Rollenspielanweisung
Mediatorin

In der letzten Sitzung hast du es geschafft, die Hintergründe des Konfliktes zu erfahren. Natalie war enttäuscht von Ivonne, weil diese mehr mit einer anderen Freundin zusammen war. Ivonne hat sich geärgert, weil sie Natalie verdächtigte, den Radiergummi gestohlen zu haben. In dieser Phase ist es deine Aufgabe, mit den Kindern das „Drehbuch umzuschreiben", also zu sehen, welchen anderen Weg es für beide in der Vergangenheit gegeben hätte. Du fragst beide nacheinander:
„Stell dir vor, du könntest die Zeit zurückdrehen. Was würdest du dir dann anders wünschen?" Die Antworten schreibst du für den nächsten Schritt auf. Danach stellst du den direkten Kontakt zwischen den beiden her. „Möchtest du es ihr selbst sagen?"
Wenn eine ein schlechtes Gewissen bekommt, kannst du sie entschuldigen: „Du hast das nicht mit Absicht getan."

Frage und Antwort

Frage: Was kann der Mediator tun, wenn ein Schüler keine Einsicht zeigt und nicht bereit ist, zu kooperieren?

Antwort: In diesem Fall heißt es zurück zu Phase 3. Schüler in der Mediation sind erst dann kooperativ, wenn sie sich völlig verstanden und rundum angenommen fühlen vom Mediator. Die Mediatorin sollte die Frage stellen, was der Konflikt bedeutet hat und was er noch weiter bedeuten könnte, bis sie den Kern erfasst hat.
Danach kann sie weitergehen nach Phase 4.

Lektion 8B
Sicherheit im Umgang mit kritischen Situationen

Sicherheit und souveräner Umgang mit kritischen Situationen

45 min

Lernimpulse
Interpretation
Arbeitsblatt zur Lektion
Rollenspiele, Koordinaten-Kreuz

Arbeitsblatt zur Lektion

Stuhlkreis, Gruppenarbeit, Stuhlhalbkreis für das Rollenspiel

Mediationsphase 4

> **Schritt 1: Sie geben den Lernimpuls zum Thema: „Kritische Situationen in der Mediation".**

Es gibt bestimmte Situationen in einer Mediationssitzung, die den Verlauf der Mediation blockieren. Es ist wichtig, dass ihr diese Situationen kennt und darauf reagieren könnt. Vielleicht sind starke Gefühle im Spiel oder die Streitparteien stehen unter Druck. Sie können dann nicht mehr gut miteinander reden. Manchmal versuchen die Parteien, die Mediation in ihrem Sinne zu steuern oder zu beeinflussen. Hier ist das gezielte Eingreifen von euch als Mediatoren von besonderer Bedeutung.

> **Schritt 2: Sie lesen den folgenden Text vor. Hierzu verteilen Sie das Arbeitsblatt der Lektion.**

Kritische Situationen treten dann auf, wenn in der Mediation der Streit eskaliert.

Ein Beispiel:
Zwei Schülerinnen kommen zu dir in die Mediation. Sie willigen den Vereinbarungen (Gesprächsregeln) zu. Du lässt eine Partei zuerst erzählen. Sie erzählt ihre Seite der Geschichte, als ihr plötzlich die andere Partei ins Wort fällt: „Nein, nein, dass war ja ganz anders. Die lügt ja total!" Da sagt die andere: „Du darfst mich nicht unterbrechen!" „Ja, ja, wenn du lügst, kann ich dich sehr wohl unterbrechen, du doofe Ziege!" „Du blöde Kuh, hast mir gar nichts zu sagen." usw. Sie beschimpfen und beleidigen sich. Du versuchst dich einzuschalten, aber sie beachten dich nicht.
Wenn die zwei Parteien vor deinen Augen einen Boxkampf vollführen, kannst du dich wie Luft fühlen, weil die Streithähne sich nicht mehr dir zuwenden, sondern sehr miteinander beschäftigt sind. Jetzt ist es wichtig, dass du einen klaren Kopf behältst und dass du dich daran erinnerst, Verhandlungstechniken zu kennen.

> **Schritt 3: Sie lassen die Schülerinnen in Kleingruppen die Anfangsszene durchspielen. Die Schüler verwenden hierbei die Methoden, die sie schon kennen. Sie können zum Schluss gemeinsam nach möglichen Lösungen suchen, damit die Geschichte mit einem guten Ende abgeschlossen wird.**

© D. Hauk

Tipps und Tricks
Wenn weitere Probleme auftauchen

1. Situation: Einer lässt den anderen nicht ausreden.
Du stellst zuerst das Setting wieder her.
Du spiegelst: „Dir fällt es im Moment sehr schwer, still zu sein, nicht?
Du läßt den Streitenden schreiben: „Es hilft, wenn du alles aufschreibst. Du kommst gleich dran. Dann kannst du es mir erzählen."
Du weist auf die Regeln hin: „Ihr habt die Regeln akzeptiert. Einer spricht, die andere hört zu."

2. Situation: ein Teilnehmer beginnt zu weinen.
Das Weinen wie auch die Wut gehören zu der Mediation dazu. Du verwendest die bekannten Mediations-Techniken.
- **Spiegeln:** „Du bist traurig."
- **Normalisieren:** Das ist normal.
- **Pause:** Wir können eine Weile warten, bevor wir weiterreden.

3. Situation: Die zur Verfügung stehende Zeit ist vorüber.
Mediation braucht Zeit. Die Streitenden sind keine Roboter, die auf Knopfdruck auf unsere Techniken reagieren, sondern sie sind empfindlich, gekränkt und auch wütend. Du kannst die Sitzung beenden und einen zweiten Termin vereinbaren.
   1. **Die Sitzung beenden:** „Schade, aber wir haben heute nicht mehr Zeit zur Verfügung."
   2. **Teilerfolge aufzeigen:** „Wir haben jetzt schon gesehen, wie es euch geht und sind damit einen Schritt weiter…"
   3. **Neuen Termin für ein 2. Gespräch:** „Lasst uns einen 2. Termin ausmachen. Ich glaube, wir sollten uns etwas Zeit nehmen, Okay?"

Schritt 4: Auswertung

Arbeitsblatt für die Teilnehmer

Umgang mit kritischen Situationen

Was tun, wenn der Streit sich verschärft:

1. Hart durchzugreifen und die Parteien an die Regeln erinnern ist nicht immer nützlich oder wirksam. Manchmal müssen die Streitenden erst einmal ihre Wut oder ihren Frust ablassen, um dann überhaupt eine gemeinsame Lösung finden zu können. Du lehnst dich erst einmal körperlich zurück und schaust dir das Ganze in Ruhe an. Lass die beiden nur eine Weile streiten. So wirst DU nicht hilflos gemacht, und SIE können etwas Dampf ablassen.

2. Nach spätestens drei Minuten musst du dich einschalten, sonst steigern sie sich in ihre Wut hinein und sind nicht mehr unter Kontrolle zu bringen. Du kannst laut dazu sagen: Stop!! Dabei gehst du wie ein Verkehrspolizist mit deinen Armen nach vorne, als wenn du eine Trennlinie zwischen den beiden ziehen wolltest.

3. Du zeigst dann, dass du dich nicht aus der Ruhe bringen lässt und tust etwas sehr Ungewöhnliches (sehr wirksam): Du lobst die beiden erst einmal! Sie werden sehr verblüfft sein und sich gut fühlen. Ich sehe, dass ihr beide recht stark seid. Ihr habt kräftige Stimmen und keiner lässt sich unterkriegen! Das ist schon mal gut!

4. Dann stellst du das Setting wieder her, wie zu Beginn der Mediation. Jetzt aber habe ich eine Bitte: Ihr seid ja hier, weil ihr nicht ohne Streit miteinander reden könnt. Deshalb schlage ich euch vor, es anders zu probieren. Jeder von euch spricht jetzt nur noch mit mir! Ich werde versuchen euer Problem zu verstehen, dann können wir besser erkennen, was euch so aufbringt und dafür eine Lösung finden, die für euch beide gut ist.

5. Danach fragst du, wie in Phase 3: Was bedeutet dieser Streit für dich? Was ist es genau, das dich so aufbringt? Willst du es mir erzählen?

© D. Hauk

6. Danach kannst du spiegeln, normalisieren und offene Fragen benutzen.

Alternative
1. Du schlägst eine kleine Pause vor und gibst einen Tür-Öffner zum Nachdenken mit. Tür-Öffner: Eure Wut ist so groß, dass es vielleicht besser ist, wir machen eine kleine Pause. Ihr könnt euch überlegen, was euch so aufregt. Und wir können danach wieder weiterarbeiten. Einverstanden?
2. Nach der Pause schaltest du dich sofort und sehr direkt ein. Jetzt sitzt du vorne auf dem Stuhl, dirigierst das Gespräch und hältst festen Augenkontakt. Du darfst jetzt keine der zwei Parteien länger als 20 Sekunden aus den Augen verlieren. DU hast hier die Oberhand und die Gesprächsführung!

Sprich beide mit Namen an und rede leise. „Was bedeutet dieser Streit für dich? Was ist es genau, das dich so aufbringt? Was wünschst du dir vom anderen?"

You can never push the river

Frage und Antwort

Frage: Was hat die Mediatorin zu tun, wenn eine Mediation abgebrochen wird?

Antwort: In diesem Fall wird die überweisende Person benachrichtigt, dass die Mediation nicht zu einer Vereinbarung geführt hat, sofern es einen Überweiser gibt. Es wird nicht über die Gründe des Abbruchs gesprochen.

Frage: Wie kann man als Mediator damit umgehen, wenn die Streitenden den Mediator selbst kränken?

Antwort: Man kann zuerst versuchen, die Kränkung nicht persönlich zu nehmen. Im zweiten Schritt kann man sich abgrenzen mit folgenden Worten:

„Ich fühle mich persönlich angegriffen. Ich bin mir aber nicht sicher, ob du das wolltest. Kannst du mir sagen, was dich geärgert hat?"

So motiviert man den Schüler zu persönlichen Aussagen. Wenn die Mediatorin sich zu sehr verletzt fühlt, sollte sie die Sitzung unterbrechen oder abbrechen. Sie ist auch verantwortlich für ihr Wohlbefinden. Ohne dieses kann sie keine gute Mediation durchführen!

5. Trainingstag

Lektion 9
Mediations-Phase 5

Tauschgeschäfte

1. Konfliktarbeit zum Thema „Ausgleich der emotionalen Konten"
2. Verhandlungstechniken von Phase 5
Brainstorming
Tauschgeschäfte anregen
Schlussvereinbarung erarbeiten und aufsetzen
Komplikation zum Schluss: Wiederaufflammen des Konfliktes

90 min

Warming up
Lernimpuls
Entspannungübung
Brainstorming
Rollenspiel

Arbeitsblatt zur Lektion
Übungsanleitung
DIN-A 6 Kärtchen für Brainstorming
Rollenspielanweisung
Stifte
Wandzeitung oder Flipchart

Stuhlkreis

Warming up

Blitzlicht (Äußerungen reihum, ohne Kommentare aus der Gruppe) zu dem Thema: „Was mir heute noch wichtig ist."

Mannheimer Institut für Mediation

© D. Hauk

Schritt 1: Sie geben den Lernimpuls zu Phase 5 Tauschgeschäfte.

In der 5. Mediations-Phase hilft die Mediatorin den Schülern, sich wieder zu versöhnen und Ideen für die Zukunft zu entwickeln. Es wird überlegt, wie entstandener Schaden wiedergutgemacht werden kann.

Der Schaden kann materieller Art sein – wenn ein Schüler dem anderen zum Beispiel etwas zerstört hat. Er kann aber auch seelischer Natur sein, wenn beispielsweise ein Kind ein anderes beleidigt. Durch Zeichen der Wiedergutmachung wird die Beziehung „entgiftet". Wir sagen auch, eine Rechnung ist beglichen. Wenn ihr in einer Beziehung eine offene Rechnung habt, bedeutet dies nämlich, dass euch noch jemand etwas schuldig ist. Aus eurer Sicht! Ihr könnt beispielsweise der Meinung sein, dass euch eine Entschuldigung zusteht, weil eine Person euch seelisch verletzt hat.

Beispiel 1:
Du sitzt in deinem Zimmer und wartest auf einen Anruf deines „Prinzen". Als das Telefon klingelt, nimmt deine Mutter den Hörer ab, um deinem Freund zu erklären, dass du noch Hausaufgaben zu machen hast, denn du schreibst am folgenden Tag eine Mathearbeit. Sie bittet ihn, gegen Abend wieder anzurufen. Nun bist du stinksauer, da du ihn seit 4 Tagen wegen eines Landheimaufenthaltes nicht gesehen hast. Du erwartest zumindest eine ausführliche Entschuldigung und eine Erklärung, dass deine Mutter es nicht böse gemeint hat. Andernfalls ist für den Rest des Tages die gute Stimmung dahin.

Beispiel 2:
Du hast dich mit einer Klassenkameradin zum Schlittschuh-Laufen verabredet. Diese musste für eine Arbeit lernen und vergaß, dich anzurufen. Als Folge davon hast du 30 min vergeblich vor dem Eingang gewartet. Sie hat dir also Zeit geraubt und dich geärgert, ohne es zu wollen. Du bist deswegen sauer und hast das Gefühl, sie müsse das wiedergutmachen. Eine Einladung ins Kino würde dich beispielsweise wieder mit ihr versöhnen. Zum Schluss der Mediation werden solche Vereinbarungen zur Versöhnung ausgehandelt, Ideen entwickelt, wie die Fehler in Zukunft vermieden werden könnten. Das Ganze wird schriftlich festgehalten.

Arbeitsblatt für Teilnehmerinnen

PHASE 5
Wiedergutmachung/Versöhnung

- **Tauschgeschäfte anregen**
  „Timo, was könntest du von Patrick wollen, um dich wieder mit ihm zu vertragen und was könntest du ihm dafür geben? Etwas, das ihm gefällt."
  „Du kannst ihn direkt fragen, ob er das möchte."

- **Wiederholen für die andere Seite**
  „Patrick, was könntest du von Timo wollen, um dich wieder mit ihm zu vertragen und was ..."
  „Du kannst ihn direkt fragen, ob er das möchte."

- **Ideen schriftlich festhalten**
  „Lasst uns schaun, worin ihr übereinstimmt."

- **Auf Fairness überprüfen und gemeinsame Lösung auswählen**
  „Findet ihr die Lösung beide gut? Du und du auch?" (Die Mediatorin überlässt die Entwicklung einer Vereinbarung den Mediationsteilnehmern; Ausnahme: Sie ist sittenwidrig, widerspricht also dem allgemeinen moralischen Empfinden!)

- **Schlussvereinbarung aufsetzen**
  Nachtermin etwa eine Woche später – Unterschriften von den Kindern und dem Mediator.

- **Freundlicher Abschied**
  „Es hat Spaß gemacht, mit euch zu arbeiten.
  Wir sehen uns in 14 Tagen zur Nachbesprechung. Okay?"

Mannheimer Institut für Mediation

© D. Hauk

Mediationsphase 5

> **Schritt 2:** Sie leiten eine Übung zur Konfliktarbeit an, (Fortsetzung von Lektion 7) die mit einer gelenkten Phantasie-Übung beginnt.

Weisen Sie die Schüler darauf hin, dass sie die Augen schließen können, um sich besser zu konzentrieren. Wer dies nicht möchte, kann einen fixen Punkt im Raum suchen und diesen fest anschauen.

Als Einstieg in das Thema möchte ich Euch den Vorschlag machen, anhand eures Konfliktes aus Lektion 7 zu erleben, wie Konten offen sein können und wie man sich dabei fühlt. Ihr könnt dadurch die Kinder in der Mediation besser verstehen. Wie bei allen persönlichen Übungen gilt auch hier wieder die Vertraulichkeit.

Bitte macht es euch bequem. Lasst die Hände fallen, die Füße schulterbreit. (5 sec)

Du spürst, wie deine Füße den Boden berühren. Füße und Boden sind eins.

Du spürst, wie deine Beine den Sitz berühren. Beine und Sitz sind eins.

Du spürst, wie dein Rücken die Lehne berührt. Rücken und Lehne sind eins.

Du spürst, wie beim Einatmen die Luft durch die Nase strömt, den Lungenraum füllt und beim Ausatmen durch die Nase entweicht.

Du bist ruhig und gelöst.

Du spürst, wie deine Füße den Boden berühren. Füße und Boden sind eins.

Du spürst, wie deine Beine den Sitz berühren. Beine und Sitz sind eins.

Du spürst, wie dein Rücken die Lehne berührt. Rücken und Lehne sind eins.

Du spürst, wie beim Einatmen die Luft durch die Nase strömt, den Lungenraum füllt und beim Ausatmen durch die Nase entweicht.

Du bist ruhig und gelöst.

Bitte lass deine Gedanken jetzt zu einer Person wandern, mit der du eine offene Rechnung hast. Es kann die Person sein, die du auf der Konfliktkarte beschrieben hast. Es kann aber auch eine neue Person sein.

Wer ist die Person, die dich geärgert hat? (5 sec)

Was hat sie genau gesagt oder getan? (5 sec)

Glaubst du, dass ein Zeichen der Wiedergutmachung für euch beide sinnvoll wäre? (5sec)

Wie könnte diese Geste der Wiedergutmachung deiner Meinung nach aussehen? (10 sec)

Ist sie praktisch umsetzbar? (5sec)

Würde die andere Person mit dieser Idee einverstanden sein? (5sec) *– Würde die andere Person als Ausgleich dafür etwas haben wollen?* (5sec) *– Was könnte das möglicherweise sein?* (5sec) *– Wie könntest du die andere Person davon – überzeugen dass es dir ernst ist und dass du die Lage klären willst?* (5sec)

Bitte kommt jetzt wieder in Gedanken zurück in unseren Raum und öffnet die Augen. Sucht euch die Gesprächspartner aus der Zweier-Gruppe, die ihr schon kennt und mit der ihr über eure Erlebnisse aus der Übung sprechen wollt.

Schritt 3: Sie erinnern die Schüler an das Rollenspiel von Timo und Patrick.

Patrick war zweimal geschädigt. Einmal dadurch, dass Timo ihm auf dem Weg zum Sportplatz Angst einjagte und zum anderen dadurch, dass er ihm körperliche Schmerzen zufügte. Zusätzlich hatte Patrick allgemein Angst vor Timo wegen dessen körperlicher Überlegenheit und wegen den für Patrick bedrohlichen Freunden.
Timo litt darunter, dass Patrick seine Wut nicht offen zeigte. Er hatte ihn im Sportunterricht heimlich ans Knie getreten. Timo litt auch darunter, dass Patrick sich bei Erwachsenen Hilfe holte, nämlich bei den Eltern und beim Schulleiter. Deshalb hatte auch Timo Angst vor Patrick.

Schritt 4: Leiten Sie nun die Technik des Brainstorming an.

Die Schülerinnen bekommen Kärtchen, um darauf Ideen zum Ausgleich zwischen Timo und Patrick zu sammeln.

Schreibt auf jedes Kärtchen eine Idee, wie Timos und Patricks Ausgleich aussehen könnte. Lasst Euren Gedanken freien Lauf. Zensiert nicht, ob die Idee gut ist oder

Mediationsphase 5

schlecht. Überlegt nicht, ob die Ideen bei den anderen gut ankommen. Schreibt einfach auf, was euch in den Sinn kommt. Später werden wir eure Ideen sortieren und genauer anschauen. Diese Vorgehensweise nennen wir „brainstorming"– Gedankensturm.
Die Kärtchen können auf eine Metaplan-Wand oder Tafel geheftet werden.

PATRICK	TIMO
Patrick schaut Timo freundlich an	stellt Patrick unter seinen Schutz

Beide entschuldigen sich

Schritt 5: Sie lassen die Ideen vorlesen und weisen davor auf die Regeln zum Brainstorming hin.

Regeln für das Brainstorming (10)
- Kritik an den Ideen ist verboten. Auch Killerphrasen sind nicht erlaubt; z.B. „…geht nicht…", „keine Zeit…" „Quatsch…"
- Jede noch so absurde Idee ist zugelassen.
- Je kühner die Einfälle, desto besser.
- Quantität geht vor Qualität.
- Logik und Vernunft kommen später, zuerst bekommt die Phantasie freien Lauf.

Schritt 6: Sie werten mit den Schülern die Ideen aus.

Die Ergebnisse werden nun – wie in der Mediation auch – überprüft. Hierbei sind zwei Fragen relevant:
1. Wird das Ergebnis von beiden Seiten als gerecht und fair empfunden?
2. Ist die Vereinbarung in der Praxis realisierbar oder kann es hierbei zu Komplikationen kommen?

Beispiel aus der Schülermediation für eine nicht realisierbare Vereinbarung:
Schüler A und Schüler B vereinbaren eine Wiedergutmachung für das Zerreißen einer Winterjacke in Höhe von 120,–DM innerhalb von 14 Tagen. Das Geld hierfür hat A aber nicht zur Verfügung.
Demnach ist diese Vereinbarung zumindest in dem vorgegeben Zeitraum von 14 Tagen nicht zu erfüllen.
Möglich wäre eine zeitliche Staffelung. Die Jacke wird von Schüler A in monatlichen Raten von 10,–DM bezahlt und A nimmt dafür einen Zeitungsjob an.
Die Ideen, die von allen Zustimmung bekommen, werden ausgewählt.
Die anderen Kärtchen werden entfernt.

Schritt 7: Sie besprechen den Schluss des Filmes oder des Rollenspieles.

Lassen Sie nun den Schluss des Rollenspiels „Timo und Patrick auf dem Weg zum Sportplatz" vorspielen oder zeigen den Filmausschnitt Phase 5. Zuvor weisen Sie die Schüler an, auf die Formulierungen zu achten, die das Brainstorming einleiten.

1. Tauschgeschäfte in der Mediation sind Verhandlungen um eine faire Lösung für beide Seiten. Die Ideen kommen immer von den Kindern selbst, nicht von den Mediatoren!

2. Die Ideen werden zuerst visualisiert, also auf Kärtchen geschrieben und für alle sichtbar auf Tisch oder Boden gelegt. Jede Idee bekommt eine Extra-Karte. Dann werden die Kärtchen der Reihe nach auf ihre Brauchbarkeit hin überprüft. Die Kärtchen mit den guten Vorschlägen kommen in die Mitte. Nur dann, wenn eine Vereinbarung „sittenwidrig" ist, z.B. wenn eine Seite stark benachteiligt wird, greift die Mediatorin ein und regelt den Schluss. „Ich möchte das so nicht unterschreiben, weil ich meine, dass diese Lösung nicht fair ist. Denkt doch noch einmal nach, ob es andere Ideen gibt."

3. Wenn der Konflikt an dieser Stelle wieder aufflammt, geht der Mediator zurück zu Phase 3, um noch einmal genauer über die Beweggründe der Beteiligten zu sprechen.

4. Wenn der Vertrag nicht eingehalten wird, kann eine neue Mediation vereinbart werden, in der nach den Gründen gefragt wird. Ist auch diese nicht erfolgreich, so bleibt der übliche Weg von Sanktion oder anderen Gesprächen.

> **Schritt 8: Sie lassen die Schülerinnen die gefundenen Lösungen in der schriftlichen Vereinbarung festhalten.**

> **Schritt 9: Sie laden zur letzten Phase des Rollenspiels „Der verschwundene Radiergummi" ein.**

> **Schritt 10: Sie greifen auf die Übung „Corso im Süden" zurück (vgl. S. 20)**

Ihr geht zum Corso. Stellt euch vor, ihr trefft dort alte Freunde wieder und tauscht euch darüber aus, was ihr jetzt tut.

Ihr seid ganz neu als Mediatoren aktiv. Ihr bekommt nun Kärtchen in die Hand. Diese mischt ihr bitte und nehmt sie mit zum Corso. Wenn ihr jemanden trefft, der noch nicht im Gespräch ist, so interviewt ihr euch gegenseitig mit verschiedenen Fragen. Einer ist Interviewer, der andere antwortet als Mediator. Ihr könnt natürlich auch andere Fragen stellen, wenn euch etwas interessiert. Es gilt wie immer die Freiwilligkeit. Fragen müssen nicht beantwortet werden.

Sie lassen die Schülerinnen ca. 15 min herumlaufen und sich gegenseitig interviewen. Dazu Musik z.B. von George Winston, die gleiche CD.

Große PAUSE

Rollenspiel zu Phase 5 – Tauschgeschäfte
Der verschwundene Radiergummi

Rollenspielanweisung
Mediatorin

Du fragst die beiden, was sie tun könnten, um sich wieder zu vertragen. Dabei schlägst du vor, dass sie sowohl *Geben als auch Nehmen* berücksichtigen.

Zuerst sammelst du alle Vorschläge, ohne sie zu bewerten. Die Schüler können jede Idee auf ein Kärtchen schreiben. Dann prüfst du mit den beiden zusammen, ob die Vorschläge auch in die Wirklichkeit umzusetzen sind. Die Ideen, die beide gut finden, schreibst du zum Schluss in die Vereinbarung. Du machst noch einen Nachtermin aus, um zu sehen, ob die Vereinbarung funktioniert. Dann bedankst du dich bei den beiden und lobst sie für die gute Zusammenarbeit. Jetzt habt ihr es geschafft.

Rollenspiel zu Phase 5 – Tauschgeschäfte
Der verschwundene Radiergummi

Rollenspielanweisung
Natalie

In der Rolle von Natalie fühlst du dich inzwischen etwas besser, da dich die Mediatorin sehr ernst genommen hat. Du findest die Idee von Ivonne gut, den Radiergummi zu teilen. Du selbst schlägst vor, dich dafür zu entschuldigen, dass du Ivonne beschuldigt hattest.

Rollenspiel zu Phase 5 – Tauschgeschäfte
Der verschwundene Radiergummi

Rollenspielanweisung
Ivonne

Du hast als Ivonne in der letzten Phase der Mediation erfahren, dass Natalie sich von dir wünscht, auch in der Freizeit etwas zusammen zu unternehmen. Nachdem die Mediatorin fragt, was ihr tun könntet, um euch wieder zu vertragen, schlägst du vor, den Radiergummi zu teilen. Er ist dir plötzlich nicht mehr so wichtig wie zuvor. Du willst erst mal mit deiner Mutter darüber reden, ob und wann du mit Natalie zusammensein könntest. Im Prinzip hast du nichts dagegen.

Frage und Antwort

Frage: „Was gibt es zu beachten bei der Durchführung von Entspannungs-Übungen?"

Antwort: Nach einer gelenkten Phantasie-Übung im Entspannungszustand gibt es drei wesentliche Dinge zu beachten.

1. Angeleitete Entspannung mit Atem-Übung senkt den Blutdruck, macht also müde und unkonzentriert. Bitten Sie die Teilnehmerinnen direkt nach dem Öffnen der Augen die anderen anzuschauen, sich zu räkeln, zu strecken, die Arme kräftig nach vorne auszuschütteln und die Fußzehen kräftig zu bewegen.

2. Es gibt Teilnehmer, die nach der starken Konzentration auf die Innenwelt Probleme haben mit der Öffnung zur Außenwelt. Sie können deren Aufmerksamkeit nach außen verstärken, indem sie sie bitten, sich im Raum umzusehen und die anderen Teilnehmer anzuschauen. Halten Sie auch selbst festen Blickkontakt und sprechen Sie mit Ihnen (über irgend etwas Beliebiges) bis Sie den Eindruck haben, dass diese Teilnehmer wieder ganz „wach und anwesend" sind.

3. Sich zu entspannen und die Augen zu schließen fällt nicht jedem leicht. Respektieren Sie das und erlauben Sie das Offenhalten explizit! Die Konzentration nach innen kann auch dadurch focussiert werden, dass man für die Dauer der Entspannung einen festen Punkt im Raum fixiert.

5. Trainingstag

Lektion 10
Mediation von A-Z

Seminarabschluss

Lernziel
Arbeit im Tandem
Verankerung der Techniken und des gesamten Ablaufes einer Mediationssitzung
Verfestigung der Rolle als Mediator
Seminar-Abschluss

90 min

Tandem
Lernimpulse
Rollenspiel
Übung zum Selbstverständnis
Meinungskarten
Prüfungsbogen
Schlussspiel Schildkröte

Rollenspielanleitungen
Kärtchen für die Übung Corso im Süden
Plakate 35x40 cm (Abfall-Rollen Makulatur-Papier aus der Tageszeitungs-Druckerei. Gibt es umsonst!)

Zuerst Stuhlkreis, danach alle Stühle auf die Seite, um Raum für den Marktplatz zu schaffen.

Mannheimer Institut für Mediation

© D. Hauk

Schritt 1: Sie teilen die Rollenspielgruppen ein, die Anweisungen aus.

Sie ermutigen die Schülerinnen, **im Tandem** zu arbeiten. Zu zweit ist die Mediation leichter zu kontrollieren und die Angst geringer, etwas falsch zu machen. Es ist hierfür notwendig, dass die beiden Tandem-Partner sich zuvor absprechen, wer wann die Moderation übernimmt.
1. Möglichkeit: Sie wechseln sich alle 10 min. ab.
2. Möglichkeit: Sie wechseln sich spontan ab.
3. Ein Schüler übernimmt die Hauptmoderation, der andere schaut zu und übernimmt die Leitung, wenn er darum gebeten wird.

Zu beachten: Jeder muss sich beherrschen, dem anderen nicht ins Wort zu fallen.

Schritt 2: Auswertung des Rollenspiels

Schritt 3: Sie stellen die Übung „Corso im Süden" vor.

Es ist sinnvoll, am Ende des Mediationstrainings die folgende Übung zur Stärkung des Selbstverständnisses und der Rolle als Mediatorin durchzuführen.

> *Ihr geht zum Corso, den ihr schon kennt. Ihr bekommt nun Kärtchen in die Hand. Diese mischt ihr bitte. Wenn ihr jemanden trefft, der noch nicht im Gespräch ist, so interviewt ihr euch gegenseitig mit verschiedenen Fragen. Ihr entscheidet euch schnell, wer die Fragen stellt und wer antwortet.*

Sie geben jedem Schüler einen Stapel der Kärtchen (folgende Seite) in die Hand. Dann lassen Sie die Schülerinnen ca. 10 min herumlaufen und sich gegenseitig interviewen. Dazu Musik z.B. von George Winston.

Vorlage: Kärtchen für den Corso

Was machst du als Streit-Schlichter?	Wozu braucht euch die Schule als Streit-Schlichter?
Ist Mediation schwierig?	Was gefällt dir an der Streit-Schlichtung?
Was tust du, wenn du mal nicht weiter weißt?	Gibt es Mediation auch an anderen Schulen?
Habt ihr als Mediationsgruppe einen Namen? Wieso gerade diesen?	Habt ihr einen eigenen Mediationsraum?
Wie habt ihr gelernt, Streit zu schlichten?	Wer hat die Mediation erfunden?
Kennst du eine Person außerhalb deiner Schule, die deine Arbeit als zukünftige Mediatorin bewundert? Welche Gründe hat sie dafür?	Was glaubst du, wieviel Schlichtungen du brauchen wirst, um dich als Mediator sicher zu fühlen? (junge Autofahrer brauchen 2 Jahre!)
Wo siehst du denn den Unterschied zwischen Streit-Schlichtung und Strafe?	Gibt es einen Unterschied zwischen Streit-Schlichtern und anderen Schülern? Woran kann man den erkennen?

Mannheimer Institut für Mediation

© D. Hauk

Rollenspiel A–Z mit Schwerpunkt auf Phase 5 „Tauschgeschäfte"

Rollenanweisung
Alexander, 13 Jahre, 7. Klasse Realschule

Du hattest Streit mit Svenia aus deiner Klasse, weil sie eine von dir geliehene CD seit Wochen nicht zurückgebracht hat. Du hast sie vor den anderen als Zicke beschimpft. Zur Mediation kam es, weil eure Eltern sich kennen und diese vorgeschlagen hatten. Du bist in der Klemme, weil du drei Klassenkameraden versprochen hast, die CD zu brennen. Dein Bruder wollte dir dabei helfen und hatte sich extra einen Nachmittag dafür freigenommen. Die Ursache deines großen Ärgers nennst Du allerdings erst dann, wenn die Mediatorin akzeptiert, dass du stinksauer bist und Svenia deshalb beschimpft hast. Zur Lösung schlägst Du vor, dass Svenia Dir als Entschädigung zwei Wochen lang drei neue CDs leiht. Alternativ dazu könntest du dir auch vorstellen, dass Svenia dich zwei Wochen lang in Englisch mit Erklärungen zur Grammatik unterstützt. Partizip Perfekt u.a. bereiten dir derzeit Kopfzerbrechen und dies wäre die absolute Entlastung.

© D. Hauk

Rollenspiel A–Z mit Schwerpunkt auf Phase 5 „Tauschgeschäfte"

Rollenanweisung
Svenia, 13 Jahre, 7. Klasse Realschule

Du hattest Streit mit Alexander aus deiner Klasse, weil er Zicke zu dir sagte. Er nervt Dich sowieso sehr in der letzten Zeit, da er Dir ständig nachläuft. Als Grund gibt er eine geliehene CD an, die Du von ihm noch zu Hause hast. Du hast nicht daran gedacht, sie zurückzubringen, weil du mit anderen Dingen beschäftigt bist. Zur Mediation kam es, weil eure Eltern sich kennen und Mediation wünschen. Es dauert eine Weile, bis Du verstehst, dass Alexander tatsächlich wegen dieser CD so aufdringlich ist. Du hattest es bisher nicht ernst genug genommen. Erst wenn die Mediatorin oder der Mediator es schafft, dir Alexanders Situation verständlich zu machen, lenkst du ein und lässt dich auf eine Wiedergutmachung im Sinne eines Tauschgeschäftes ein. Du bist übrigens eine sehr gute Schülerin in Sprachen.

Mannheimer Institut für Mediation

© D. Hauk

Rollenspiel A–Z mit Schwerpunkt auf Phase 5 „Tauschgeschäfte"

Rollenanweisung
Mediatorin oder Mediator

Du bist neu als Mediator an dieser Schule. Von dem Fall hast Du erst kurz vor Beginn der Sitzung erfahren. Du erfährst, dass die beiden Streitpartner Svenia und Alexander heißen und dass beide in die 7. Klasse gehen. Alexander ist wütend auf Svenia, da sie seine CD nicht zurückgebracht hat. Er beschimpft sie. Du möchtest herausfinden, was ihn so wütend macht. Du nimmst dir Zeit und gehst in Ruhe alle Phasen durch. Dein Tandem-Partner oder deine Tandem-Partnerin sitzt neben dir und ihr habt vereinbart, dass du dieses Mal die Gesprächsführung übernimmst. Wenn du nicht weiterkommst, kannst du ihn oder sie um Hilfe bitten. Das ist durchaus möglich vor den Augen der Schüler.

Schritt 4: Austausch

Kleine PAUSE

Schritt 5: Sie teilen die Prüfungsbögen aus. (Nächste Seite)

Prüfungsbögen sind umstritten. Es gibt Befürworter und Gegner. Natürlich ist es Ihrer Entscheidung überlassen, ob sie einen schriftlichen Abschluss wünschen.

Schritt 6: Abschluss-Spiel Schildkröte

Sie nehmen soviel Papierbögen wie Teilnehmerinnen, Maße ca 35 x 40 und kleben mit Tesaband jedem einen Bogen auf den Rücken.
Die Aufgabe lautet nun:

Schreibt oder malt euch einander Botschaften auf den Rücken. Es müssen positive Botschaften sein! Nennt Dinge an den anderen, die euch gut gefallen. Z.B.: Ich finde toll, wie du dich kleidest; mir gefällt dein Lachen so gut; du hast wirklich gute Witze auf Lager; ich glaube, du wirst ein guter Mediator, weil du sehr gut zuhören kannst; ich freue mich auf unsere Zusammenarbeit im Schlichter-Team; du gefällst mir; oder ihr malt, wohin der Stift euch führt. Zum Schluss werden die Plakate zusammengerollt, ohne dass ihr hineinschaut. Zu Hause dürft ihr sie öffnen. Viel Spaß!

Dazu Musik, z.B. wieder von George Winston

Schritt 7: Sie teilen die Zertifikate aus und vereinbaren die Supervisionstermine (möglichst 14-tägig).

Schritt 8: Schlussauswertung mit Auswertungsbögen

Mediation von A–Z

Prüfungsbogen: Mediationstechniken durch alle Phasen

Bitte lest euch den Fall durch und füllt die leeren Zeilen nach der angegeben Anleitung aus. Ihr habt 30 min Zeit.

Vanessa und Bodo
Er soll nicht immer „Schnecke" zu mir sagen – sie soll nicht immer Schwuchtel zu mir sagen!!!

PHASE 1
Mediation erläutern und Einverständnis holen

M Guten Tag, ich bin Xenia und in der 9.Klasse. Wer seid ihr?
V Ich bin Vanessa.
B Ich bin Bodo.
M Schön, dass ihr beide gekommen seid. Ihr habt vielleicht Mut dafür gebraucht?
V Es war nicht meine Idee, hierher zu kommen.
M Sondern? Wessen Idee war es denn?
B Herr Scholl hat uns geschickt.
M Ach so? Dann seid ihr beiden gar nicht freiwillig hier?
V und B   Nein, sind wir nicht.

Umgang mit „Zwangsfreiwilligkeit" in der Eingangs-Phase
Du schlägst als Mediatorin oder Mediator vor, das Mediationsverfahren zu erläutern, damit Vanessa und Bodo entscheiden können, ob sie daran Interesse haben.

✎

© D. Hauk

V Also ich bin jetzt schon voll genervt. Und Herr Scholl auch. Der Bodo kann sich ja überhaupt nicht beherrschen. Bei jeder Gelegenheit, die sich bietet, macht er mich blöd an. Lange halte ich das nicht mehr aus.
M Was wird geschehen, sagen wir in einem Monat, wenn es nicht aufhört?
V *schweigt lange, schaut Bodo an.* Ich würde ihn ganz arg hassen. Ich würde …
M Du würdest was? *Vanessa schweigt.*
M Okay. Schon die Vorstellung ist für dich unerträglich, noch lange mit Bodo in diesem Kleinkrieg zu leben. Die Wirklichkeit ist für dich kaum auszumalen.
V Ja.
M Dann wäre es also gut, etwas zu verändern?
V Ja.
M Überlege dir bitte, ob du das mit meiner Hilfe versuchen möchtest, ja?
V Ja.
M Bodo.
B Mir geht es nicht besser. Vanessas dämliche Bemerkungen sind kaum auszuhalten. Mir wird schon schlecht, wenn ich in die Schule komme. Am meisten hasse ich das Getuschel mit ihren Freundinnen und die fiesen Bemerkungen über mich.
M Hier unterscheidest du dich nicht von Vanessa. Du leidest auch sehr unter euren täglichen Reibereien.

Du sprichst mit Bodo die Alternative zur Mediation an, indem du ihn fragst, was geschehen würde, wenn die Mediation nicht zustande käme:

✎

B Herr Scholl hat gedroht.
M Was hat er denn gedroht?
B Mich aus der Klasse zu nehmen, wenn wir nicht aufhören. Er gibt mir die Schuld. Warum eigentlich?
M Also wird es auch bei dir ernst?
B Ja.
M Es ist erstens die Frage, ob du das verändern möchtest? Und zweitens stellt sich die Frage, ob du das hier mit meiner Hilfe versuchen willst?
B Versuchen würde ich es schon.
M Mutig. Vanessa, wie ist es mit Dir?
V Versuchen, ja. Wenn er mir aber sehr auf die Nerven geht, verschwinde ich hier. Ich gehe dann sofort in den Unterricht zurück.
M Das kannst du. Die Mediation kann jederzeit von jedem unterbrochen werden. Prima. Schaut. Jetzt haben wir schon die erste Vereinbarung getroffen. Ihr beide wollt versuchen, hier miteinander zu sprechen, um eure Lage zu verbessern. Okay. Dann lasst uns anfangen.

PHASE 2
Beide Standpunkte anhören und verstehen

Du lädst eine Seite ein zu sprechen.

✏️

B Eben dieses Getuschel mit den anderen Mädchen, sobald ich vorbeikomme. Albern ist das.
M Was bedeutet es für dich, wenn Vanessa mit den anderen Mädchen spricht, sobald du in ihre Nähe kommst? Möchtest du es mir erzählen?

B Man ist ausgelacht.
M Du hast dann den Eindruck, dass die Mädchen schlecht über dich reden? Wie kommst du darauf?
B Ich sehe es an ihren Blicken. Unverschämt, kann ich nur sagen. unverschämt sind die.

Du spiegelst (Inhalt und Gefühl).

✎

B Äh, ja. Wenn sie es so ausdrücken wollen.

PHASE 3
Die persönliche Bedeutung des Konflikts finden

Du fragst nach der tieferen Bedeutung.

✎

B Über die anderen Jungs wird nicht getuschelt und gemacht. Wieso immer über mich?

Du spiegelst (und filterst dabei das Negative raus).

✎

B   Ja. Die sollen mich in Ruhe lassen.

Du pendelst.
M   Okay. Ich will versuchen, es Vanessa zu erklären. Vanessa, Bodo ist ...

✎

M   Aber bevor du etwas dazu sagst, würde ich gerne von dir erfahren, wie das Ganze aus deiner Sicht aussieht.
V   Du brauchst gar nicht den Unschuldsengel zu spielen. Was hast du denn erst wieder letzte Woche gemacht? Du hast mich blöde Schnecke genannt, du hast meine Freundinnen beschimpft und du bist zu Herrn Scholl gerannt um zu petzen.

Du erläuterst das Setting (speak to me).

✎

Du stärkst die Beziehung, indem du die positive Seite der Beziehung aufzeigst.
Mir fällt auf, dass ihr beide euch nicht gleichgültig seid. Im Gegenteil, ihr …

✎

M *stellt Orientierungsfrage:* Wie lange streitet ihr denn schon auf diese Art?
V Seit 2 Jahren.
M Schon so lange? Was war denn vor zwei Jahren?
B Sie ist mit Felix gegangen. Seither hat sie sich sehr verändert.
V Er ist seit dieser Zeit echt eklig zu mir.
M Gut, dass wir das jetzt herausgefunden haben.

PHASE 4
Vergangenheit positiv abschließen

Du regst an, das „Drehbuch umzuschreiben" = über ein gutes Ende in der Vergangenheit nachzudenken.

✎

B   Dass sie mich nicht links liegen lässt und dass sie nicht über mich redet mit anderen, wenn ich auch noch in der Nähe bin.
M   Sie hätte weiter normal sein sollen zu dir.
B   Ja.
M   Okay. Vanessa, was hättest du dir denn anderes gewünscht?
V   Dass er mich in Ruhe lässt.

Phase 5
Wiedergutmachung und Versöhnung

Du regst die Tauschgeschäfte an (Geben immer im Zusammenhang mit Nehmen = was willst du, was gibst du dafür?).

✎

V Ich möchte, dass Bodo aufhört, mich bei Herrn Scholl anzuschwärzen. Und ich möchte, dass er mich nie mehr Schnecke nennt.
M Gut. Was bist du bereit, ihm dafür zu geben?
V Ich werde nicht mehr mit irgendwem über ihn reden.
M *(schreibt die beiden Vorschläge auf die Tafel)*
Vorschlag 1:
Vanessa wird nicht mehr über Bodo mit anderen sprechen.
Vorschlag 2:
Bodo wird nicht mehr Schnecke zu Vanessa sagen.
Vorschlag 3:
Bodo wird nicht mehr mit Herrn Scholl oder anderen Lehrern über Vanessa reden.
Bodo, was möchtest du von Vanessa und was gibst du ihr dafür, damit euer Streit vom Tisch ist?
B Ich möchte, dass Vanessa mich nie mehr mit Schimpfworten beschimpft.
M Denkst du da an ein ganz bestimmtes?
Vorschlag 4:
Vanessa wird Bodo nie mehr Schwuchtel nennen.
Was gibst du ihr dafür?
B Ich weiß nicht.
M *(mit Blick auf Vorschlag 1–3.)* Was glaubst du, hätte Vanessa gerne von dir? Du kannst sie auch fragen.
B Was willst du?
V Alles, was hier steht.
B Also gut. Wenn Vanessa auf meine Vorschläge eingeht, bin ich auch bereit, sie in Ruhe zu lassen. Ich kann die Vorschläge von ihr erfüllen.
M Prima. Dann will ich die Vereinbarung aufschreiben. Seid ihr so einverstanden oder wollt ihr noch etwas ändern?
B und V Es ist gut so.
M *(füllt das Vereinbarungsformular aus).* Ich schlage vor, dass wir uns in 14 Tagen wieder hier treffen, um zu sehen, ob ihr die Vereinbarung einhalten konntet. Könnt ihr das einrichten?
B und V Ja.
M Ihr habt sehr gut mitgearbeitet. Und mir hat es Spaß gemacht. Tschüss bis am 15. 3. um 10.45 in der Hofpause.
Verabschiedet die beiden und gibt jedem ein Vereinbarungs-Formular mit.

Bitte fülle den Protokollbogen in Stichworten aus

Protokoll der Konfliktschlichtung

Datum der Sitzung: ─────────────────────────

Name des Teilnehmers / der Teilnehmerin 1: ──────────────

Name der Teilnehmerin / des Teilnehmers 2: ──────────────

Name der Schlichterin / des Schlichters: ──────────────

Vereinbarung: ─────────────────────────────

─────────────────────────────────────

─────────────────────────────────────

─────────────────────────────────────

─────────────────────────────────────

Ein Nachtermin findet am ──────── (Datum) um ──────── Uhr statt.

Unterschriften: ─────

Teilnehmer/Teilnehmerin 1: ─────────────────────

Teilnehmerin/Teilnehmer 2: ─────────────────────

Schlichter/Schlichterin: ──────────────────────

──────────────────── Mannheimer Institut für Mediation ──

© D. Hauk

ZERTIFIKAT

Hiermit wird bestätigt, dass die Schülerin

_____

an der Weiterbildung zur

SCHULMEDIATORIN

teilgenommen hat.

Die Weiterbildung umfasste 20 Stunden Mediatorinnen-Training und 8 Stunden Projektentwicklung. Die Teilnehmerin ist damit befähigt, Mediation mit Schülern eigenständig durchzuführen.

_____

Datum

_____ _____

Unterschrift Schule   Unterschrift Trainer

ZERTIFIKAT

Hiermit wird bestätigt, dass der Schüler

_____

an der Weiterbildung zu

SCHULMEDIATOR

teilgenommen hat.

Die Weiterbildung umfasste 20 Stunden Mediatorinnen-Training und 8 Stunden Projektentwicklung. Die Teilnehmerin ist damit befähigt, Mediation mit Schülern eigenständig durchzuführen.

_____

Datum

_____ _____
Unterschrift Schule   Unterschrift Trainer

Weiterbildungsinhalte Peermediation

Denken als Mediator / Mediatorin

Die Auswirkung von Strafen

Eskalationsdynamik von Konflikten

Verhandlungstechniken der Phasen 1–5 z.B.

- Setting, Regeln, Kontrakt
- Aktiv Zuhören, Pendeln, Normalisieren, Zusammenfassen
- Gemeinsamkeiten und Unterschiede erkennen
- Drehbuch umschreiben, direkte Kommunikation herstellen, entschuldigen
- Tauschgeschäfte
- Brainstorming / Lösungen sammeln
- Schlussvereinbarungen aufsetzen
- Behutsamer Umgang miteinander

ZERTIFIKAT

Die Schülerin ─────────────────────────────────

war an der Eduard-Schick-Schule vom ─────────── erfolgreich als

Schul-Mediatorin

aktiv. Sie arbeitete dabei mit SchülerInnen der 5. – 7. Klasse, die in einen Konflikt involviert waren und führte deren Streitigkeiten mit den Methoden der Schul-MEDIATION zu positven Ergebnissen. Um dieser Aufgabe gerecht zu werden benötigten und zeigten die SchülerInnen der Streit-Schlichter-Gruppe sehr viel

- Teamfähigkeit
- Ausdrucksvermögen
- Soziale Kompetenzen wie Zuhören, Empathie und Felxibilität
- Übernahme von Verantwortungen

─────────── nahm zur Vorbereitung auf diese Aufgabe an dem 24-stündigen Schul-Mediationstraining des Mannheimer Instituts für Mediation teil und besuchte regelmäßig die praxisbegleitende Supervision.

Frage und Antwort

Frage: Was ist zu tun, wenn ein Schüler die Mediationsmethoden nicht verinnerlicht hat?

Antwort: Der Schüler kann weiterhin in der Gruppe bleiben. Der Gesichtsverlust wäre andernfalls zu groß. Er kann als Tandem-Partner bei Mediationen zusehen, um mit der Zeit hineinzuwachsen.

Frage: Was ist zu tun, wenn in der Supervision keine „Fälle" zu besprechen sind?

Antwort: Es ist trotzdem wichtig, dass Sie den Schülern regelmäßig Supervision anbieten. Einmal nützt dies dem Zusammenhalt der Gruppe und zum anderen bleibt die Motivation zur Mediation erhalten. Sie können die Supervision nutzen, um Rollenspiele durchzuführen. Im Anhang sind zwei Rollenspielanleitungen enthalten. Sie können auch Kooperationsübungen anbieten zur Erweiterung der sozialen Kompetenz. Hierzu finden Sie Anregungen bei den Literaturhinweisen.

TEIL 2

Anleitung zum pädagogischen Rollenspiel in der Mediatorenausbildung

→ Hinweise zur Durchführung von Rollenspielen
→ Teilnehmerbogen zur Auswertung von Rollenspielen
→ Allgemeine Themen zum Üben von Rollenspielen bei Mediatorentreffen
→ Übungsbeispiele für die Supervision mit konkreten Rollenspielanweisungen zum speziellen Üben der 3. Phase

Rollenspiele im pädagogischen Feld erfüllen mehrere Funktionen:

1. Einübung von Mediations-Techniken
2. Förderung der Kommunikationsfähigkeit
3. Erleben von Konflikten im geschützten Raum
4. Sanfte Übernahme der neuen Mediatorenrolle durch schrittweise Identifikation
5. Ausbau des Empathieverständnisses

Beim pädagogischen Rollenspiel sollten folgende Aspekte berücksichtigt werden:

1. **Sitzordnung:** Während der Besprechung sitzt man im Kreis. Vor Beginn des Rollenspiels öffnet sich der Stuhlkreis zu einem Halbkreis. Die Sitzordnung für die Mediation (oder für ein anderes Rollenspiel) wird im „zweiten" Halbkreis aufgestellt.

2. **Klare Problemstellung:** Vor Beginn der Spielphase sollte die Problemstellung (oder die zu übende Methode) für alle Teilnehmer klar und eindeutig umschrieben sein. Je besser man sich die Situation vorstellen kann, desto einfacher ist es, sie später auch zu spielen.

3. **Freiwilligkeit:** Die Spieler beteiligen sich freiwillig am Rollenspiel. Manchmal ist es

sinnvoll, einen Spieler seine Mitspieler aussuchen zu lassen. Wer gebeten wird darf die Rolle auch ablehnen; wer nicht spielen will, soll nicht dazu gezwungen werden.

4. **Szenenaufbau:** Die Spieler richten gemeinsam die Szene ein, d.h. sie sollen genau beschreiben, an welchem Ort sie sich befinden, welche Tageszeit es ist, wo Gegenstände sich befinden, usw., damit alle Teilnehmer eine konkrete Vorstellung der Szene haben. (z.B. „Es ist kurz nach der Hofpause im Mediationszimmer. An den Wänden hängen Plakate. Dort ist die Tür und hier ist ein Fenster...")

5. **Rollenaufbau:** Bevor das Rollenspiel beginnt, soll jedem Spieler Zeit gegeben werden, sich in seine Rolle hineinzufinden. Sinnvoll ist es, wenn die Spieler sich jeweils kurz vorstellen, d.h.: Wer bin ich, wie sehe ich aus, wo komme ich her, wo will ich hin, was sind meine Ziele? („Ich bin Rolf, elf Jahre alt. Ich habe braune, kurze Haare, trage Jeans und T-Shirt und habe eine tiefe Stimme. Ich komme von der großen Pause und will ins Mediationszimmer, dort möchte ich den Streit mit meinem Freund lösen...")
☺ Manchen fällt es schwer, sich in eine Rolle hineinzudenken, als Hilfe kann sich jemand hinter den Spieler stellen und ihn in der Ich-Form zur Person befragen.
🔥 Die Rollenspieler sollten keine Namen aus der Gruppe erhalten. (Identifikationsgefahr!)

6. **Spiel:** Das Rollenspiel selbst sollte kurz und nur auf das Elementare begrenzt sein. Ist das Rollenspiel zu lang, verliert es möglicherweise den pädagogischen Charakter und wird zum Theater.
🔥 Hier muss der Spielleiter eventuell eingreifen, damit sich das Spiel nicht verselbständigt! (z.B.: Spielstop; innerer Monolog; Rollentausch, etc.)

7. **Szenenabbau / Rollenabgabe:** Nach dem Spiel sollten die Spieler die Szene abbauen (Tische und Stühle zurückstellen) und sich von der Rolle verabschieden. Die Spieler können die Rollen ausziehen wie einen Pullover. Dabei sollten die Spieler sagen: „Ich bin jetzt nicht mehr Rolf, sondern wieder Gabi!"
🔥 Achten Sie darauf, dass für das Rollenspiel nicht die gleichen Stühle verwendet werden wie für den Sitzkreis.

8. **Auswertung:** Nach dem Rollenspiel berichten **zuerst** die Spieler, **danach** die Beobachter in der Kleingruppe über ihr Erlebnis. (Arbeitsblatt nächste Seite)
🔥 Achten sie darauf, dass die Spieler wie auch die Beobachter die Rolle in der **dritten Person** benennen und nicht die Spieler direkt ansprechen! (Nicht: „Du warst ganz schön gemein!", sondern – „Rolf war ganz schön gemein.")

Arbeitsblatt für die Teilnehmerinnen

Auswertung des Rollenspiels

(Reihenfolge 1,2,3 beachten!)

1. Fragen an die Rollenspieler „Streitende"

- Wie erging es euch in der Rolle als... (Name)
- An welcher Stelle hat sich ... (Name) von der Mediatorin verstanden gefühlt?
- Weshalb gerade da?
- Was hätten sich ... und ... (Namen) von den Mediatorin gewünscht?
- Was hätte sie anders machen sollen?

2. Fragen an die Rollenspieler „Mediatoren"

- Was ist euch besonders gelungen?
- Wo gab es Schwierigkeiten?

3. Fragen an die Beobachter

- Was habt ihr beobachtet?
- Wie haben sich die Streitenden während der Mediation verhalten?
- Was ist der Mediatorin besonders gut gelungen?

Anleitungen für Schülerrollenspiele

Bereich „mein-dein"

Die hat mir meinen Kuli geklaut

Der sitzt auf meinem Stuhl

Die hat meine Sprudelflasche leergetrunken

Bereich „über andere schlecht reden"

Der hat über mich Lügen erzählt

Die hat gesagt, ich sei verknallt in Anja

Der hat meinen (Liebes-) Brief an die Tafel gehängt

Mannheimer Institut für Mediation

© D. Hauk

Anleitungen für Schülerrollenspiele

Bereich „körperliche Verletzung"

Die hat mich gerempelt

Der hat mich geboxt

Der hat mich getreten

Der hat mich blöd angefasst

Der hat mir ein Messer unter die Nase gehalten

Bereich „verletzen, kränken"

Wenn du weiter mit ihm spielst, schau ich dich nicht mehr an

Sie haben mir im Landheim Salz in meine Zahnpasta getan

Die nennen mich immer Pizza

Mannheimer Institut für Mediation

© D. Hauk

Rollenspielanweisung: Schwerpunkt Phase 3
Esther und Marika im Clinch

Rolle von Marika

Du bist befreundet mit Esther aus deiner Klasse (8a). Es kam vor einer Woche zu einem sehr großen Streit zwischen euch wegen eines Jungen aus der Nachbarklasse namens Jan. In diesem Streit habt ihr gerauft und du hast verloren, was dir sehr peinlich war. Aus Rache hast du ein Loch in die Jacke von Esther gebrannt. Die Folgen waren für dich bitter:
Erstens wurde dir daraufhin vom Schulleiter der Landschulheimaufenthalt gesperrt und zweitens sollst du Esther 40 DM für die Jacke geben.
Du siehst das alles nicht ein. Esther ist deiner Meinung nach ebenso schuld wie du. Sie trägt ihren Anteil am Konflikt, denn sie hat an die Tafel geschrieben: „Marika ist in Jan verliebt" und jeder konnte es lesen.
Da du tatsächlich gerne mit Jan gehen würdest, hat es dich besonders geärgert. Es könnte sein, dass Esther dir damit vorläufig einen Strich durch die Rechnung gemacht hat. Jan war die Sache natürlich auch peinlich.

Dein Verhalten im Rollenspiel:
Du bist sauer, aber nicht laut in der Mediation. Du weigerst dich strikt, die 40 DM zu bezahlen.
Allerdings kommt die Wahrheit erst zur Sprache, wenn du dich von der Mediatorin oder dem Mediator gut verstanden und gut aufgehoben fühlst. Du hast etwas Angst davor, noch einmal einer Blamage ausgesetzt zu werden und noch einmal einen Gesichtsverlust zu erleben.

Mannheimer Institut für Mediation

© D. Hauk

Rollenspielanweisung: Schwerpunkt Phase 3
Esther und Marika im Clinch

Rolle von Esther

Du bist mit Marika aus deiner Klasse befreundet. (8a). Es kam nun vor einer Woche zu einem sehr großen Streit zwischen euch wegen eines Jungen aus der Nachbarklasse namens Jan. In diesem Streit habt ihr gerauft und du hast gewonnen, Marika hat aus Zorn ein Loch in deine Jacke gebrannt. Die Folgen waren für dich unangenehm, weil du mit Marika befreundet warst:
Deine Eltern waren sauer und veranlassten den Schulleiter, Marika zu bestrafen und einen finanziellen Ausgleich zu verlangen (40 DM). Du weißt im Hinterköpfchen, dass du nicht ganz unbeteiligt warst. Deinen Anteil am Konflikt möchtest du nicht so gerne zugeben. Du hattest nämlich an die Tafel geschrieben:
„Marika ist in Jan verliebt".

Dein Verhalten im Rollenspiel:
Du vertrittst lange Zeit die Position deiner Eltern und des Schulleiters. Marika sei selbst schuld und sie müsse die Jacke selbst bezahlen. Die Landheim-Sperre habe sie verdient. Erst, wenn die Mediatorin es schafft, Marikas Gefühle für dich nachvollziehbar und spürbar auszusprechen, rückst du von deiner Position ab. Anschließend bist du bereit, dich auf eine Verhandlung einzulassen und auch deinen Teil am Streit zu erkennen.

© D. Hauk

Rollenspielanweisung: Schwerpunkt Phase 3
Esther und Marika im Clinch

Rolle der Mediatorin

Zwei Schülerinnen der Klasse 8, Marika und Esther, haben sich gestritten und gerauft. In Folge dieses Streits wurde Marika zu 40 DM Schadensersatz verpflichtet und bekam zudem als Strafe eine Landschulheim-Sperre verordnet. Aus dir unbekannten Gründen hatte sie ein Loch in Esthers Jacke gebrannt. Zu der Mediation kam es nur, weil die Erdkundelehrerin es dringend empfohlen hat.

Dein Verhalten als Mediatorin oder Mediator
Du versuchst relativ schnell nach der Einleitungs-Phase, die Hintergründe von Marika zu verstehen. Du spürst, dass sie Motive hatte, die dir bisher unbekannt sind. Daher lässt du dir Zeit. Du jonglierst mit den Techniken, die du schon kennst. Dabei benutzt du viele Tür-Öffner: „Was hat dich denn so aufgebracht, willst du es mir erzählen?"... Und du fragst mehrmals nach der persönlichen Bedeutung für Marika. „Was bedeutete es für dich, dass ...?" „Was bedeutet es noch?" Dazwischen kannst du immer wieder spiegeln, pendeln und Gemeinsamkeiten in den Gefühlen der Beiden suchen. Das Rollenspiel ist dann zuende, wenn die Gefühle für alle spürbar „im Raum" sind.

TEIL 3
Projekt-Management

Schulen haben die gleichen Reaktionsmechanismen wie andere lebende Systeme. Die Schule muss sich an die Mediation als ein neues „Etwas" gewöhnen. Lehrer müssen nicht nur akzeptieren, dass Schüler Konflikte ohne Erwachsene klären können. Sie müssen auch verarbeiten, dass dies oft so spielerisch leicht geht wie der Umgang mit dem PC. Außerdem ist speziell Peer-Mediation aus folgenden Gründen besonders erfolgreich:
- Jüngere Schüler haben mehr Vertrauen zu älteren Schülern.
- Ältere Schüler sind im Denken, im Empfinden und in der Sprache näher an den Kindern.

Zwei Widerstände tauchen erfahrungsgemäß mit Einrichtung eines Mediationsprojektes auf:

1. Hürde: Im Vorfeld der Entscheidung Pro und Contra Mediation

Mögliche Reaktionen von Skeptikern:
- Brauchen wir das?
- Ist dies wieder eine Mode, der wir hinterherlaufen?
- Ich habe keine Zeit übrig für Neues.
- Strafen müssen sein.

Umgang mit diesen Hürden:
→ Gründliche Information und Aufklärung
→ Genug Raum für Bedenken schaffen in der GLK o.a.
→ Einrichtung der Mediation nur dann, wenn die Mehrheit des Kollegiums dies befürwortet
→ Verweis auf gelungene Projekte

2. Hürde: Wenn erste Erfolge in den Mediationen nicht mehr zu leugnen sind

Mögliche Reaktionen:
Sanktionen und Ablehnung der Schlichter: „Wenn der Schlichter einmal zu spät in meinen Unterricht kommt, gibt es Konsequenzen."

Umgang mit diesen Hürden:
→ Ständige Präsenz mit Info-Wand u.a.
→ Zweite Darstellung von Mediation mit Bitte um Unterstützung
→ Elternbrief und Lehrerbrief

Um den Prozess der Mediation nicht zu gefährden, wurde am Mannheimer Institut folgende Form des Projektmanagements gewählt:
Spätestens zwei Wochen nach Beginn der Schulung formiert sich eine Projekt-Gruppe, bestehend aus Lehrern, Trainern, Schülervertretern der Schlichtergruppe und Eltern. Diese Projektgruppe trifft sich regelmäßig, parallel oder alternativ zur Schulung, um das Mediationsprojekt nach dem folgenden Themenkatalog an der Schule aufzubauen und zu verankern.

Themenkatalog zum 1. Treffen der Projektgruppe

Schlichtungsraum

- Wo?
- Wie eingerichtet?

Werbung

- Entwurf eines Faltblattes
- Erstellen einer Photowand
- Vorführung eines Rollenspieles für die 5. und 6. Klassen
- oder Zeigen des Video-Filmes

- evtl. Logo
- Info-Stand

Sachliche Information an die Eltern, Lehrerinnen und die Schulleitung

- Kurzreferat vor Lehrern und/oder Eltern vorbereiten

- Entwurf eines Info-Briefes

- sonstiges

Themenkatalog zum 2. Treffen der Projektgruppe

Schlichtungsraum

- Einrichtung des Schlichtungsraumes oder Termin dafür (Delegieren an 2–3 Personen
- 4 Verhandlungsstühle (für Tandem)
- Ordner mit Protokollbögen in abschließbarem Schränkchen o.ä.
- Kärtchen für Brainstorming-Übung
- Stifte
- Evtl. Plakate an der Wand mit den Regeln und Phasen
- Pflanze?

Werbung

- Entscheidung über den Namen der Gruppe (Streitschlichter, Konfliktmanager, Win-Winners ...)
- Entscheidung über Logo
- Information für Info-Stand zusammenstellen und aufbereiten
- Faltblatt fertigstellen (Delegieren an 2–3 Personen mit Unterstützung durch Erwachsene)
- Rollenspiel vor ausgewählten Klassen oder vor der gesamten Schule vorführen (dabei die Idee, die Phasen und die Regeln der Mediation vorstellen)

Sachliche Information an die Eltern, Lehrerinnen und die Schulleitung

- Kurzreferat vor dem Lehrerkollegium oder am Elternabend halten oder besprechen
- Eltern- und Lehrerbrief verfassen oder Termin dafür (Delegieren an 2–3 Personen)

- Planung einer Abschluss-Fete

Elternbrief

Sehr geehrte Eltern,

wir freuen uns, Ihnen mit diesem Schreiben unsere neue Einrichtung **„Streit- Schlichtung durch Schüler"** vorstellen zu dürfen. Der Fachbegriff lautet Schul-Mediation. Mediation (aus dem amerik. *mediation* =Vermittlung) ist ein Verfahren der Streit-Vermittlung, welches in vielen Schulen Kanadas, Australiens und den USA und nun auch in Deutschland und Europa zur friedlichen Beilegung von Schüler-Schüler-Konflikten u.a. eingesetzt wird.

Als Alternative zu Schulstrafen können unsere Schüler bei Auseinandersetzungen im Schulhof, Klassenzimmer etc. in den Schlichtungsraum gehen und dort mit Hilfe eines ausgebildeten Schüler-Mediators über die Hintergründe des Streites reden und eine versöhnliche Einigung erzielen.

Lehrer werden im Unterricht dadurch entlastet und Schüler-Beziehungen verbessern sich, da einmal geschlichtete Konflikte nicht so schnell wiederaufflammen.

Ein Schlichtungsgespräch dauert in der Regel zwischen 30 und 45 min. Die Gespräche sind vertraulich. Die getroffenen Vereinbarungen werden zwar schriftlich festgehalten und nach 14 Tagen überprüft, aber die Inhalte unterliegen der Schweigepflicht und sind nicht einsehbar. Erfahrungsgemäß werden 90 % der Vereinbarungen von den Schülern auch eingehalten.

Unsere Bitte an Sie:
Ermutigen Sie Ihr Kind zu Hause, im Streitfall das Angebot der Schlichtung auszuprobieren. Stellen Sie keine Fragen, wenn es ein Schlichtungsgespräch hatte, da die Kinder sich zur Einhaltung der Vertraulichkeit verpflichtet haben. In diesem Fall ist auch die Familie Öffentlichkeit, weil sie außerhalb des vertraulichen Rahmens des Schlichtungsraumes ist.

Wenn Sie Fragen haben, können Sie sich an _____ wenden. Sie werden Ihnen einen Termin mit dem Schlichtungs-Team vermitteln.

Mit freundlichen Grüßen

Die Schulleitung *Das Schlichtungsteam*

© D. Hauk

Projektmanagement

VORBEREITUNGSPHASE
2 Monate

Vorstellung des Konzeptes
A) pädagogischer Tag
B) SMV-Sitzung
C) Elternbeiratssitzung

ZIELE:
Impulsgebung
Akzeptanz
Pro & Contra
Mediation

Beschluss
75% der Lehrerschaft /
SMV / Elternschaft stimmen
für die Mediation

TRAININGSPHASE
4 Monate

Mediatorentraining

- 20 Schulstunden
- 8–15 SchülerInnen
- 2–3 Coaches

Implementierung

- Lehrvideo an alle 5. und 6. Klassen
- Präsentation im Haus:
  Schülerzeitung
  Infowand
  Faltblatt

PRAXISPHASE
unbegrenzt

Jeden Tag haben 2 Schüler
Dienst im Mediationsraum.

Das Mediationsteam trifft sich
ca. 14-tägig zur Fallbesprechung

VERNETZUNG MIT ANDEREN SCHULEN

Mannheimer Institut für Mediation

© D. Hauk

Kontrakt
zwischen Schule und Trainer

Hiermit werden zwischen der Schule _____
und Frau / Herrn _____
folgende Vereinbarungen getroffen:

Herr / Frau _____ führt ein Mediationsprojekt an der
_____ Schule durch mit folgendem Zeitrahmen:

Mediations-Training:	5 x 4 Unterrichtsstunden
Projektmanagement:	2 x 4 Unterrichtsstunden
Supervision:	6 x 3 Unterrichtsstunden
Kosten:	DM _____ je UE

Die Schule verpflichtet sich, folgende Vereinbarungen einzuhalten:

– Ein Schlichtungsraum wird zur Verfügung gestellt.
– Bei Mediation wird Strafe ausgesetzt.
– Die Schule unterstützt das Mediatorenteam bei der Bekanntgabe der Mediation gegenüber Eltern, Lehrerinnen und Schülern.
– Die Schule bemüht sich, die Mediatorinnen bei Ihrer Tätigkeit durch Überweisung von Schülern und andere „Good-will-Gesten" zu unterstützen.
– Freistellung der Lehrer?
– im Abschlusszeugnis der Mediatoren wird ein Vermerk angebracht und eine abschließende Bescheinigung über die Mediatoren-Tätigkeit ausgehändigt.

_____ _____ _____
Datum *Trainer* *Schulleitung*

Literatur

(1) Williams, Sharon K. (1994): We Can Work It Out: Schools are turning to conflict resolution to help stop the violence. In: Teacher Magazine. S. 22-23.
(2) Walker, Jamie (1986): Gewaltfreiheit im Klassenzimmer. In: pädagogik extra: 15. Oktober 1986 (10/86). S. 16-17. Wiesbaden: Extra Verlag.
(3) Walker, Jamie (1989): Gewalt und Konfliktlösung in Schulen: eine Studie über die Vermittlung von zwischenmenschlichen problemlösenden Fähigkeiten an Grund- und Oberschulen in den Mitgliedsstaaten des Europarats. Berlin: David Crowford Verlag.
(4) Community Board Program, Inc. (1987): Classroom Conflict Resolution Training for Elementary Schools. San Francisco: Community Board Program, Inc.
(5) Lehr-Video zum Streit-Schlichter-Training „Timo und Patrick auf dem Weg zum Sport-Platz", Diemut Hauk (Mitglied im Bundesverband Mediation e.V.), Mannheimer Institut für Mediation: Tel. 0621/821 674 oder 0177/8791378
(6) Falk, Heintel und Pelikan (1998): Die Welt der Mediation. Klagenfurt: Alekto.
(7) Mähler und Mähler (1995): Mediation: Die andere Scheidung, Stuttgart: Klett Cotta.
(8) in Anlehnung an Glas, Friedrich F. (1997): Konflikt Management. Stuttgart: Verlag Freies Geistesleben.
(9) Bauriedl, Thea (1992): Wege aus der Gewalt. Freiburg: Herder
(10) Jungk, Robert (1981): Zukunftswerkstätten
(11) Bush; Folger (1994): The promise of mediation, Responding to Conflict through Empowerment and Recognition, Publishers 350 Sansome Street. San Francisco: California.

Literaturempfehlungen

Fisher; Ury (1995): Dar Harvard-Konzept. Frankfurt: Campus
Walker, Jamie (1992): Gewaltfreier Umgang mit Konflikten. Berlin: Cornelsen
Soziales Lernen, Arbeitsheft 2. Berlin: Cornelsen